"一带一路"国家知识产权

U0518678

以色列
知识产权法

重庆知识产权保护协同创新中心
西南政法大学知识产权研究中心 ◎组织翻译

康添雄◎译

易健雄◎校

知识产权出版社

全国百佳图书出版单位

—北京—

图书在版编目（CIP）数据

以色列知识产权法/重庆知识产权保护协同创新中心，西南政法大学知识产权研究中心组织翻译；康添雄译. —北京：知识产权出版社，2025.2. —（"一带一路"国家知识产权法译丛）. —ISBN 978 - 7 - 5130 - 9785 - 7

Ⅰ. D938.234

中国国家版本馆 CIP 数据核字第 2025PK1358 号

内容提要

本书收录了以色列的版权法、专利法和商标条例的中文译本，详细介绍了以色列在知识产权保护方面的法律框架和实施细节。本书不仅可以帮助学者、法律从业者和企业管理者理解和掌握以色列知识产权保护的具体措施和政策，而且有助于他们研究和处理在以色列的法律事务和商业运营。本书可作为知识产权领域从业人员、高校法学院师生的工具书。

责任编辑：章鹿野　王玉茂	**责任校对：**谷　洋	
封面设计：杨杨工作室·张　冀	**责任印制：**刘译文	

以色列知识产权法

重庆知识产权保护协同创新中心
西南政法大学知识产权研究中心　组织翻译

康添雄　译

易健雄　校

出版发行：知识产权出版社有限责任公司　　网　　址：http：//www.ipph.cn
社　　址：北京市海淀区气象路 50 号院　　邮　　编：100081
责编电话：010 - 82000860 转 8541　　责编邮箱：wangyumao@cnipr.com
发行电话：010 - 82000860 转 8101/8102　　发行传真：010 - 82000893/82005070/82000270
印　　刷：三河市国英印务有限公司　　经　　销：新华书店、各大网上书店及相关专业书店
开　　本：720mm×1000mm　1/16　　印　　张：8.5
版　　次：2025 年 2 月第 1 版　　印　　次：2025 年 2 月第 1 次印刷
字　　数：146 千字　　定　　价：85.00 元
ISBN 978 - 7 - 5130 - 9785 - 7

出版权专有　侵权必究

如有印装质量问题，本社负责调换。

序　言

自我国于 2013 年提出"一带一路"倡议以来，我国已与多个国家和国际组织签署了 200 多份合作文件。"一带一路"倡议的核心理念已被纳入联合国、二十国集团、亚太经济合作组织、上海合作组织等诸多重要国际机制的成果文件中，成为凝聚国际合作共识、持续共同发展的重要思想。国际社会业已形成共建"一带一路"的良好氛围，我国也在基础设施互联互通、经贸领域投资合作、金融服务、人文交流等各项"一带一路"建设方面取得显著成效。国家也号召社会各界对加入"一带一路"建设的各个国家和国际组织的基本状况、风土人情、法律制度等多加介绍，以便相关人士更好地了解这些国家和国际组织，为相关投资、合作等提供参考。

基于此背景，重庆知识产权保护协同创新中心与西南政法大学知识产权研究中心（以下简称"两个中心"）响应国家号召，结合自身的专业特长，于 2017 年 7 月启动了"一带一路"国家知识产权法律的翻译计划。该计划拟分期分批译介"一带一路"国家的专利法、商标法、著作权法等各项知识产权法律制度，且不做"锦上添花"之举，只行"雪中送炭"之事，即根据与中国的经贸往来、人文交流的密切程度，优先译介尚未被翻译成中文出版的"一带一路"国家的知识产权法律制度，以填补国内此类译作的空白。确定翻译方向后，两个中心即选取了马来西亚、斯里兰卡、巴基斯坦、哈萨克斯坦、以色列、希腊、匈牙利、罗马尼亚、捷克、澳大利亚等十国的专利法、商标法、著作权法作为翻译对象。第一期的专利法、第二期的商标法、第三期的著作权法翻译工作已经完成，并先后于 2018 年 10 月、2021 年 7 月、2023 年 7 月各出版两辑。六辑译作出版后，得到了良好的社会评价，《中国知识产权

报》在 2022 年 1 月 14 日第 11 版和 2023 年 8 月 18 日第 11 版分别对该译作作了专题报道。

2018 年 10 月至今，十国知识产权法多有修订之处，同时为了方便读者集中查询一国专利、商标、著作权等知识产权法律规定，两个中心随即以前三期翻译工作为基础，启动了第四期以国别为单位的翻译工作，并确定由各国专利法、商标法、著作权法的原译者分别负责该国知识产权法律的译介工作，包括根据相关法律最新修订文本重新翻译、对该国的知识产权法律状况作一整体的勾勒与评价等。该项工作历经前期整理、初译、校对、审稿、最终统校等多道程序后，终于完成，以国别为单位分成十本图书出版，"国名 + 知识产权法"即为书名。

众所周知，法条翻译并非易事。尽管译校者沥尽心血，力求在准确把握原意基础之上，以符合汉语表达习惯的方式表述出来，但囿于能力、时间等各方面因素，最终的译文恐仍难完全令人满意，错漏之处在所难免。在此恳请读者、专家批评指正。无论如何，必须向参与此次译丛工作的师生表示衷心的感谢。按国别对译者记录如下：牟萍（马来西亚），王广震（斯里兰卡），马海生（巴基斯坦），田晓玲、陈岚、费悦华（哈萨克斯坦），康添雄（以色列），廖志刚、廖灵运（希腊），秦洁、肖柏杨、刘天松、李宇航（匈牙利），郑重、陈嘉良、黄安娜（罗马尼亚），张惠彬、刘诗蕾（捷克），曹伟（澳大利亚）。此外，易健雄老师承担了此次翻译的主要组织工作，并为译稿作了最后的审校。最后，感谢知识产权出版社的大力支持，使译稿得以出版。

2024 年是共建"一带一路"奔向下一个金色十年的开局之年。唯愿这四期"一带一路"国家知识产权法律翻译工作能为"一带一路"的建设稍尽绵薄之力，在中国式现代化建设中实现两个中心的专业价值。

重庆知识产权保护协同创新中心
西南政法大学知识产权研究中心
2024 年 11 月 26 日

前　言

　　回溯到 2013 年我国提出"一带一路"倡议，时至今日，我国与"一带一路"沿线各国以互联互通为主线，已经取得了举世瞩目的成就。各方不断深化战略对接，基于各自国情而形成的法律制度亦成为交流互鉴的重点所在。在经济全球化的背景下，营造良好的经济贸易合作环境，势必要求各个国家以开放包容的心态深入了解彼此的法治成果，实现制度层面的协调。

　　自"一带一路"倡议提出以来，我国与以色列的经济贸易合作和科技人文交流日益密切。因此，从法律制度层面研究以色列如何对知识创新予以足够的鼓励和保护，既是我国在"一带一路"建设中"促进多元文化交流、实现文明互鉴"的题中应有之义，也是全球化背景下我国推动法治进步的必然需求。

　　在"一带一路"沿线国家中，以色列的科技创新、经济开放、文化发展都取得了突出成就，这离不开其较为成熟的国家创新体系和知识产权法律制度所提供的保障，以色列的法制构建，特别是其知识产权法律制度的建设，对其国内的科技发展、经贸建设、文化繁荣起到了重大作用。

　　以色列有其独立的成文法和判例法并行的法律制度，其知识产权主要有三大部门法：版权法、专利法、商标条例。以色列于 1967 年颁布了专利法，1972 年颁布了商标条例，2007 年颁布了版权法。这三大部门法出台后分别经历过多次修改，本书翻译的文件以世界知识产权组织（WIPO）官网上发布的英文最新版本为准。

　　以色列的知识产权法律体系框架，呈现了现代性和商业性特质。就以色列版权法而言，版权关乎一个国家文化的传承和传播，知识的记载、学习与

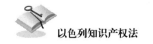

传播无比珍贵又无比重要，没有一个合理的版权法律制度，这一切都无从谈起。

以色列版权法中关于无伤害证明的损害赔偿的规定，以及按照每一项侵权行为裁定损害赔偿金的规定，在多数情况下已然超过了常规的"填平原则"而具备了惩罚性，体现出立法者对保护版权的坚定决心。

文化的传承，除了鼓励创作、保护创新，还需要将知识通过良好的教育体系和有力的宣传手段予以传播。在教育事业的建设上，以色列将教育事业的发展置于优先地位，这一点在以色列版权法中也有鲜明体现。除了在"合理使用"规则的设计中涵盖教育机构的教学和考试，还专门对教育机构的公开表演、图书馆和档案馆的许可使用进行专条规定，同时预留了自由裁定的空间，体现出立法者优先考虑教育事业中知识传播的总体思路。

就以色列专利法而言，科学技术是第一生产力，这一点已为各国现代化建设的累累硕果所反复印证。

专利权的授予，一方面意味着发明人"以公开换保护"，在认可技术成果创造者对其发明成果享有权益的同时，也便利于他人以该技术成果为基础进行更进一步的创新；另一方面，专利权代表一定程度的垄断，制度运用不当，也会阻碍技术的创新。而且，在国际市场竞争的背景下，先进国家以其技术成果在其他国家进行专利布局以取得竞争优势，早已不是新鲜的事。无论是国内还是国外的技术市场竞争，本质上都是技术成果面向市场进行商业性转化的必然结果。针对市场竞争机制本身，如何进行合理的制度设计以平衡各方主体的利益？在全球化的竞争背景下，如何通过有效的专利保护和激励机制促进本国技术的创新，并在瞬息万变的国际竞争环境中占据先机？这些都是立法者必须考虑的问题。

以色列专利法对上述问题投以必要的关注，也给出了对应方案。在发明人一端，以色列专利法通过细致的规定尽可能保障发明人的合法权益，在防止冒名申请等多方面都有体现。在提高技术成果的应用效率一端，以色列专利法通过制度设计尽可能规避权利僵局、技术垄断局面的产生，例如专利所有权的每一位共有人在没有相关规定或另有约定的情况下均有权以合理的方式实施发明；或者规定任何人都可以请求专利权人宣告其所使用的产品或方法不构成侵犯专利权人的专利权，前提是该人需要向权利人提供他所欲使用的产品或方法的全部细节情况；若权利人拒绝作出这种宣告或未在合理期限内给予答复，该人还可以请求法院作出"不侵权宣告"。

就以色列商标条例而言，商标条例对商标的功能定位在于区别商品或服务来源，在这一基础上实现商品流通领域的公平秩序，促进自由竞争。自由市场竞争在激发市场主体活力的同时，也难以避免竞争乱象，在商标领域表现为商标抢注、虚假诉讼、地方保护主义等，这些乱象本身又与市场经济的良性发展诉求相悖，商标法正是出于规制上述问题而制定。以色列商标条例在规则的设计上既体现出对商标权利人合法权益的保障，又尽可能避免商标权被滥用。该条例专章规定了"外国商标的注册"和"国际申请"的相关事宜。在经济全球化的浪潮下，商标权的地域性与商品、服务的自由流动存在矛盾，各国之间的商标法律规则的隔阂不利于生产要素的自由流通，并给相关主体申请注册商标带来各种障碍。以色列商标条例的有关规定，一方面有助于市场进一步开放，发挥以点带面的作用，以商标注册规则的厘清和衔接便利外国公司的进入，进而带动经贸发展；另一方面通过规则的区分，保障其商事主体的利益。

知识产权保护观念的增强得益于经济的发展和科技的进步，同时，后者亦呼唤着知识产权制度的不断完善，形成更加科学合理的版权制度、专利制度、商标制度，以保障人们基于其智力劳动成果所享有的合法权益，同时对整个社会的创造力起到有效的激励作用。

人类从文明的萌芽一步步走进现代社会，本质上就是一个认识自然并不断适应自然、改造自然的过程，知识的力量在这一漫长的历程中从未缺席。

自"一带一路"倡议提出以来，我国与以色列不断增强交流与合作，双方在技术合作、经贸往来、教育交流等多方面、多领域都取得了长足进展。

国家之间的科技、经济、文化交流与合作，需要在良好的法制框架之内进行。我国在 2023 年 11 月 14 日发布了《坚定不移推进共建"一带一路"高质量发展走深走实的愿景与行动——共建"一带一路"未来十年发展展望》，郑重提出面向未来的法治交流规划——"深入推进规则标准对接。尊重各国法律法规，深化与共建国家规则标准对接合作"。译者对本书的期许，正是希望通过本书的介绍，能够使国内法律业界人士对以色列的知识产权保护情况形成更清晰的认知，也面向相关从业者对以色列的知识产权法律制度进行较为系统、准确的介绍，从而助力我国法治建设与对外交流事业高质量发展。

本书的顺利出版完全得益于重庆知识产权保护协同创新中心和西南政法大学知识产权研究中心的策划和支持，得益于易健雄老师的校对，得益于知识产权出版社各位编辑的热心、耐心和细心，我在此表示感谢！

康添雄

2024 年 11 月

译者简介

　　康添雄，知识产权法学博士、工学学士，西南政法大学副教授、硕士生导师、知识产权法教研室副主任，最高人民法院知识产权司法保护理论研究（西南政法大学）基地主任。美国俄亥俄州立大学、芝加哥大学法学院访问学者。主持国家社会科学基金项目、教育部人文社会科学基金项目、国家知识产权局项目、重庆市教育委员会项目等多项课题研究。担任重庆仲裁委员会、广州仲裁委员会、佛山仲裁委员会、海南国际仲裁院等多家仲裁机构仲裁员。

出版说明

　　重庆知识产权保护协同创新中心和西南政法大学知识产权研究中心于2017年组织开展了"一带一路"建设主要国家知识产权法律法规的翻译工作，形成了这套"'一带一路'国家知识产权法译丛"，凝聚了两个中心众多专家学者的智慧和心血。

　　本套丛书采用国家分类的编排方式，精选"一带一路"建设主要国家最新的知识产权法律法规进行翻译，包括著作权法、专利法、商标法等，旨在为中国企业、法律工作者、研究人员等提供权威、准确的法律参考，助力"一带一路"建设。然而，由于各国法律体系、文化背景、语言习惯上的差异，其知识产权法律法规的翻译工作也面临着诸多挑战，例如有些国家法律文件的序号不够连贯。有鉴于此，在本套丛书翻译和编辑出版过程中，对遇到的疑难问题、文化差异等，会进行必要的注释说明，帮助读者更好地理解原文。本套丛书翻译过程中始终坚持以下原则。

　　第一，以忠实原文为第一要义，力求准确传达原文含义，避免主观臆断和随意增减。在翻译过程中，各位译者参考了大量权威法律词典、专业文献和案例，确保术语准确、表述规范。

　　第二，充分尊重各国法律体系和文化背景的差异，在忠实原文的基础上，尽量保留原文的语言风格和表达方式。

　　第三，在保证准确性的前提下，力求译文通顺流畅、易于理解，方便读者阅读和使用。

　　真诚期待各位读者对本套丛书提出宝贵意见。

目　　录 *

---

* 此目录由本书收录的法律文件正文提取，序号遵从原文，仅便于读者查阅。——编辑注

商标条例

版权法

版权法[*]

（2007 年通过，2011 年修正）

2007 年版权法于 2007 年 11 月 19 日由以色列议会通过，自 2008 年 5 月 25 日起施行。该法于 2007 年 11 月 25 日刊登在以色列法律法规第 2199 卷第 34 页。迄今为止有以下修正：第 64 条增加第（4）款，于 2011 年 7 月 28 日刊登在以色列法律法规第 2307 卷第 993 页。

第 1 章 解　释[**]

第 1 条 定　义

在本法中：

版权，具有第 11 条规定的含义。

人身权，具有第 46 条规定的含义。

录音，就声音而言，指在媒体上保存声音，并可通过媒体回放或复制声音。

建筑作品，指建筑物或其他构筑物，以及该建筑物或构筑物的模型。

艺术作品，包括素描、绘画、雕塑作品、雕刻、平版印刷、地图、图表、建筑作品、摄影作品以及实用艺术作品。

戏剧作品，包括戏剧、电影作品、音乐剧、舞蹈和哑剧。

合作作品，指由多名作者共同创作的作品，其中无法区分每个作者对该作品的贡献。

文学作品，包括通过写作、演讲、表格、汇编和计算机程序表达的作品。

雕塑作品，包括雕塑用的模具或模型。

摄影作品，包括通过类似摄影的方法摄制的作品，但不包括属于电影作品一部分的照片。

---

[*] 本译文根据世界知识产权组织官网公布的以色列国（以下简称"以色列"）版权法英语版本翻译，最后访问时间为 2024 年 7 月 23 日。——译者注

[**] 本书各法律文本的层级的序号排列均遵从原文，未作修改。——译者注

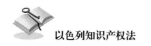

电影作品，包括电视作品，以及任何实质上类似于电影作品或电视作品的作品。

汇编，指包括百科全书或选集在内的作品汇编，以及包括数据库在内的数据汇编。

制作人，就电影作品或录音制品而言，指分别负责为制作电影作品或录音制品进行必要安排的人。

侵权复制，指对享有版权的作品的复制，但不包括属于下列情形之一的建筑物或其他构筑物：

（1）未经版权人许可在以色列以构成侵犯第 11 条（1）项规定的复制权的方式制作的复制件；

（2）进口到以色列的复制件，如在以色列制造则构成侵犯第 11 条（1）项规定的版权；但是，在以色列境外制造的经该国版权人同意的复制件，不视为侵权复制件。

作品的出版，指根据作品的性质，经作者同意，向公众出版合理数量的作品复制件，但不包括作品的公开表演或广播，或公开展示"艺术作品"。

计算机程序，指任何表达形式的计算机程序。

录音制品，指对声音的记录，不包括对电影作品中声音的记录。

部长，指司法部部长。

第 2 条　首次发表地点

在本法中，对于作品的首次发表地点，适用下列规定：

（1）自首次出版之日起 30 日内在多个国家发表的作品，视为在上述所有国家同时发表；

（2）首次在以色列和其他国家同时发表的作品，视为首次在以色列发表。

第 2 章　版权的客体

第 3 条　本法具有排他性

版权不得存在于除本法规定外的作品中。

第 4 条　享有版权的作品

（a）下列作品享有版权：

（1）以任何形式固定的文学作品、艺术作品、戏剧作品或者音乐作品的原创作品；

（2）录音制品；

但是，上述作品应符合第 8 条规定的任一条件，或该作品根据第 9 条规定享有版权。

（b）就第（a）款而言，汇编的原创性，指对作品或其中所包含的数据进行选择和编排所体现的原创性。

第 5 条　作品版权的范围

第 4 条所述作品的版权不包括下列内容，但包括其表达：

（1）思想；

（2）操作程序和方法；

（3）数学概念；

（4）事实或数据；

（5）日常新闻。

第 6 条　官方出版物

尽管有第 4 条规定，法律、法规、以色列议会议定书，以及法院或依法享有司法权限的任何政府实体所作的司法裁决，不享有版权。

第 7 条　外观设计

尽管有第 4 条规定，专利和外观设计条例定义的"外观设计"不享有版权，但该外观设计未用于或未意图用于工业生产的除外；司法部部长可以规定确定外观设计何时被视为用于工业生产的条件。

第 8 条　以色列的附加规定

（a）存在下列情形之一的，第 4 条第（a）款（1）项规定的作品享有版权：

（1）该作品首次在以色列发表；

（2）作品创作时，其作者是以色列公民，或其经常居住地位于以色列，而不论该作品是否发表。

（b）在不损害第（a）款规定的原则下，下列作品享有版权：

（1）电影作品，前提是在其制作过程中，制作人的总部或其经常居住地位于以色列；

（2）建筑作品和其他并入建筑物或其他构筑物的艺术作品，前提是该建筑作品、建筑物或构筑物分别位于以色列。

（c）录音制品制作时其制作人是以色列公民或其经常居住地位于以色列，或制作人是公司且其总部位于以色列的，该录音制品享有版权；然而，录音制品首次在以色列发表的，录音制品同样享有第 11 条（1）项、（5）项和（7）项所述复制权、向公众提供权和出租权。

第 9 条　根据国际条约享有版权

以色列与其他国家签订版权相关条约的，或以色列加入版权条约的，司法部部长可以通过命令规定，第 4 条第（a）款规定的根据该条约在以色列有权受到保护的作品，应根据该命令的规定受到保护；对上述作品的保护不得超过如符合第 8 条规定的条件本应获得的保护，但上述条约另有规定且不超过该条约规定的除外。

第 10 条　互惠保护

司法部部长认定某一国家对作者是以色列公民的作品未给予适当保护的，司法部部长经政府同意，可以通过命令对作者为该国公民的作品，部分或全部地限制本法所述权利；司法部部长作出该命令的，该命令对其生效后创作的作品有效。

第 3 章　版权的享有

第 11 条　版权的定义

作品的版权，指根据作品类型对作品或作品实质部分享有的实施下列一项或多项行为的排他性权利：

（1）第 12 条规定的复制权——针对所有类型作品；

（2）发表权——针对尚未发表的作品；

（3）第 13 条规定的公开表演权——针对文学作品、戏剧作品、音乐作品和录音制品；

（4）第 14 条规定的广播权——针对所有类型作品；

（5）第 15 条规定的向公众提供作品权——针对所有类型作品；

（6）制作第 16 条规定的演绎作品以及针对上述演绎作品实施（1）项至（5）项规定的任何行为——针对文学作品、艺术作品、戏剧作品和音乐作品；

（7）第 17 条规定的出租权——针对录音制品、电影作品和计算机程序。

第 12 条　复　　制

复制作品，是指以任何物质形式制作作品的复制件，包括：

（1）通过电子手段或其他任何技术手段储存作品；

（2）制作二维作品的三维复制件；

（3）制作三维作品的二维复制件；

（4）制作作品的临时复制件。

第 13 条　公开表演

公开表演作品，指直接或通过使用设备进行公开的有声演奏或演出。

第 14 条　广　　播

广播作品，指通过有线或无线方式，将作品中包含的声音、图像或声音与图像的结合向公众传播。

第 15 条　向公众提供作品

向公众提供作品，指针对作品实施使公众能够从其选择的地点和时间接触作品的行为。

第 16 条　演绎作品

制作演绎作品，指制作实质以另一作品为基础的原创作品，如翻译或改编。

第 17 条　出　　租

（a）出租作品，指为商业目的向公众出租作品的实物复制件，但不包括出租作为其他物品不可缺少部分的计算机程序或录音制品，而该其他物品是出租的主要物品。

（b）就第（a）款而言，公共图书馆或教育机构图书馆的出租不视为为

商业目的出租；司法部部长可以规定适用本款规定的公共图书馆类型和教育机构类型。

第4章 允许使用

第18条 允许使用

尽管有第11条规定，未经权利人许可或未支付费用，在符合上述条款分别规定的条件以及为实现其中所规定的目标时，允许实施第19条至第30条规定的行为，但就第32条规定的行为而言，应支付费用并符合该条规定。

第19条 合理使用

（a）允许为个人学习、研究、批评、评论、新闻报道、引用或教育机构的教学和考试等目的合理使用作品。

（b）在确定作品使用是否符合本条所规定的合理，除其他外，尤其应考虑下列因素：

（1）使用的目的和性质；

（2）所使用作品的性质；

（3）在数量和质量上针对整个作品的适用范围；

（4）使用对作品价值以及其潜在市场的影响。

（c）司法部部长可以制定法规，规定被视为合理使用的条件。

第20条 在司法或行政程序中使用作品

允许依法在司法或行政程序中使用作品，包括针对该等程序的报道，但应在考虑上述使用目的的正当范围内。

第21条 为公众查阅存放的复制作品

（a）复制作品与该作品向公众开放的目的相一致的，允许复制依法向公众开放的作品，但应在考虑上述使用目的的正当范围内。

（b）第（a）款规定不适用根据2000年图书法（存放和引用详情的义务）存放的作品。

第22条　附带使用作品

允许通过将一项作品纳入摄影作品、电影作品或录音制品的方式附带使用作品，以及对附带包含该作品的作品的使用；在该情况下，有意将音乐作品（包括其歌词）或体现该音乐作品的录音制品纳入另一作品，不应被视为附带使用。

第23条　在公共场所广播或复制作品

允许通过摄影、绘画、素描或类似视觉描述方式对永久位于公共场所的建筑作品、雕塑作品或实用艺术作品进行广播或复制。

第24条　计算机程序

（a）允许拥有计算机程序获授权复制件的人，以备份为目的复制计算机程序；该人在不需要该复制件服务于其制作目的时，应对复制件予以销毁。

（b）允许以维持计算机程序或计算机系统获授权复制件为目的或以向拥有计算机程序获授权复制件的人提供服务为目的复制计算机程序，前提是其对使用程序是必需的。

（c）允许拥有计算机程序获授权复制件的人，出于下列目的且在实现所述目的的必要范围内，复制计算机程序，或由此制作衍生作品：

（1）为实现预期目的使用计算机程序，包括纠正计算机程序中的错误，或使之与计算机系统或另一计算机程序相兼容；

（2）检查程序中的数据安全，纠正安全漏洞和防范此类漏洞；

（3）获取适应不同且独立开发的计算机系统或程序所需的信息，使其能够与计算机程序相兼容。

（d）对于第（c）款所述复制计算机程序或由此制作演绎作品，通过上述方法获得的信息以下列方式使用的，或该等信息无须通过使用上述方法便易于辨认的，不适用第（c）款规定：

（1）向另一人传递该等信息的目的不同于第（c）款规定的目的；

（2）该等信息被用于制作不同的计算机程序，而该计算机程序侵犯了前述计算机程序的版权。

（e）在本条中，计算机程序的获授权复制件，指由版权人或经其同意制作的计算机程序复制件。

第 25 条　以广播为目的的录音

（a）允许获准广播作品的人，仅为在其广播中使用的目的对作品进行录音。

（b）根据第（a）款规定对作品进行录音的人，应当在作品首次播放之日起 6 个月内销毁录音，或依照法律规定或在录音制品的版权人同意的更晚时间销毁。

（c）尽管有第（b）款规定，下列情况下允许保存录音：

（1）为存档的目的；

（2）针对获准播放作品的人，只要该人被允许进行该播放即可。

第 26 条　临时复制

复制是技术过程的组成部分，且其唯一目的是通过通信网络由中介实体在双方之间传输作品，或实现对作品的任何其他合法使用的，允许对作品进行暂时复制，包括附带复制，但该复制本身不得具有重大经济价值。

第 27 条　作者创作的其他艺术作品

允许创作包括部分复制早期作品的新艺术作品或早期作品的演绎作品，以及对上述新作品的任何使用，即使该作者不是早期艺术作品的版权人，但新作品不得重复早期作品的本质或构成对其的模仿。

第 28 条　翻新或重建建筑物

允许为翻新或重建建筑物或其他构筑物使用下列作品：

（1）前款所述的建筑物或构筑物或其模型的建筑作品；

（2）在上述建筑物或构筑物最初建造时，经版权人同意使用的图纸和平面图。

第 29 条　在教育机构公开表演

允许在教育机构的教育活动过程中公开表演司法部部长规定类型的作品，该等表演由教育机构的雇员或在教育机构学习的学生进行，但该公开表演的观众范围仅限于教育机构的雇员或学生、学生的亲属或与该机构的活动直接相关的其他人；但是，如果电影作品的放映仅用于教育机构的教学和考试目的，则根据本条允许放映。

第 30 条　图书馆和档案馆的允许使用

（a）允许为下列目的的复制已在属于司法部部长规定类型的图书馆或档案馆的永久藏品中的作品或复制件，前提是无法在合理时间以合理方式购买该作品的额外复制件：

（1）以任何形式制作上述图书馆或档案馆已拥有作品的保留复制件，前提是该保留复制件不作为图书馆复制件的额外复制件使用；

（2）为替换上述图书馆或档案馆所保存的已丢失、毁坏或无法使用的作品的复制件；

（3）为替换已在另一图书馆或档案馆永久收藏，但已丢失、毁坏或无法使用的作品的复制件。

（b）针对提出复制要求的人，允许复制已由属于第（a）款规定类型的图书馆或档案馆拥有的作品或其复制件，前提是提出复制要求的人是法律允许其自行制作复制件的人；司法部部长可为本款目的的规定图书馆或档案馆使用的申请表。

（c）允许由属于司法部部长规定类型的实体为保存目的复制作品；司法部部长可规定适用本款的作品类型、进行复制的条件，以及授权公众查阅根据本款制作的复制件的条件。

第 31 条　关于教育机构、图书馆和档案馆的规定

司法部部长可一般性地或针对特定类型的教育机构、图书馆或档案馆在考虑其各自活动的特点后规定适用第 29 条和第 30 条的不同条件。

第 32 条　支付使用费后制作录音制品

（a）尽管有第 11 条规定，符合下列条件的，即使未经版权人同意，也允许复制录音制品中的音乐作品：

（1）该音乐作品先前经版权人同意已记录在为商业目的而发行的录音制品中（在本条中为在先录音制品）；

（2）该音乐作品被完整复制，但对改编复制件所作的必要修改和制作复制件所作的必要修改，或对在先录音制品所作的修改除外；

（3）制作复制件的人在制作复制件前已通知版权人；

（4）制作复制件的人已支付与版权人约定的合理使用费；没有约定使用

费的，由法院决定；

（5）该复制件既不用于也不准备用于商业广告。

（b）司法部部长可以就下列事项制定法规：

（1）第（a）款（3）项所述通知版权人的方法；

（2）第（a）款（4）项所述法院确定合理使用费的考虑因素和参数。

（c）在本条中，音乐作品包括在先录音制品中的歌词（如有）。

第5章　版权权属

第33条　版权第一所有人

在符合本章规定的情况下：

（1）作品的作者是作品版权的第一所有人；

（2）录音制品的制作人是录音制品版权的第一所有人。

第34条　雇员创作的作品

除非另有约定，否则雇主是雇员在雇用过程中和雇用期间所创作作品的版权第一所有人。

第35条　委托作品

（a）根据委托创作的作品，除非委托方和作者另有明示或默示约定，否则作品的作者应是作品全部或部分版权的第一所有人。

（b）对于根据委托创作的有关家庭活动或其他隐私活动的肖像或照片作品，委托方应是作品版权的第一所有人。

第36条　国家对作品的所有权

国家应是由国家或受国家委托或由国家雇员在雇用过程中和雇用期间创作的作品的第一所有人；在本条中，国家雇员，包括士兵、警察和根据制定法在国家实体或机构中担任职务的任何其他人员。

第37条　版权的转让和许可

（a）版权可通过合同或法律规定的方式转让，版权人可针对版权授予独家许可或非独家许可。

（b）如第（a）款所述，版权转让或授予许可，可针对全部或部分版权，且可限于特定区域、期限或与作品相关的特定行为。

（c）关于版权转让或授予独家许可的合同应当有书面文件。

（d）在本条中，独家许可，指授予其持有人实施第 11 条规定的任何行为的排他性权利的许可，并限制版权人实施该等行为或允许他人实施该等行为的许可。

第 6 章 版权期限

第 38 条 版权期限

在符合本章规定的情况下，作品的版权的保护期为作者终生及其死亡后 70 年。

第 39 条 合作作品的版权期限

合作作品的版权保护期为最后死亡的合作作者终生及其死亡后 70 年。

第 40 条 匿名出版作品的版权期限

作品上未显示作品的作者，或作品的作者不为公众所知，或作品上显示的是不为公众所知的人的笔名的，该作品的版权保护期为该作品首次出版之日起 70 年；作品自创作之日起 70 年内未出版的，其版权保护期为自创作之日起 70 年；但是，作者的身份在版权保护期为公众所知的，应分别适用第 38 条或第 39 条的规定。

第 41 条 录音制品的版权期限

录音制品的版权保护期为其制作之日起 50 年。

第 42 条 国家作品的版权期限

根据第 5 章规定，国家是作品版权第一所有人的版权保护期为自作品创作之日起 50 年。

第 43 条 终止时间

作品的版权期限应在根据本章规定该版权到期当年的 12 月 31 日终止。

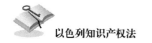

第 44 条　版权在来源国的持续期限

（a）下列作品的版权期限不得超过其来源国法律所规定的该作品的版权期限：

（1）如第 2 条所述，首次在以色列和其他国家同时出版的作品，其版权仅因第 8 条第（a）款（1）项所述条件而存在。

（2）根据第 9 条规定的命令而存在版权的作品，但该命令另行规定的除外。

（b）在本条中，作品的来源国：

（1）就首次在单一成员国出版的作品而言，指该成员国。

（2）就首次在版权期限不同的多个成员国同时出版的作品而言，指版权期限最短的国家。

（3）就首次在成员国和非成员国同时发表的作品而言，指成员国。

（4）就未出版的作品，或首次在非成员国出版，但未在成员国同时出版的作品而言，指作者是其国民或作为经常居住地的成员国；下列情况例外：

a)* 上述作品是电影作品的，来源国是制作人的总部或经常居住地所在的成员国。

b）上述作品是位于成员国的建筑作品或位于成员国的建筑物或其他构筑物中的独立艺术作品的，来源国是建筑创作、建筑物或构筑物的所在国（视情况而定）。

作品，指第 4 条第（a）款（1）项所述作品。

成员国，指根据第 9 条规定据以作出命令的条约的缔约国。

第 7 章　人身权

第 45 条　作为人格权的人身权

（a）享有版权的艺术作品、戏剧作品、音乐作品或文学作品（计算机程序除外）的作者，在该作品的整个版权期内，对其作品享有人身权。

（b）人身权属于个人权利且不得转让，且即使作者对作品不享有版权或其将作品的版权全部或部分转让给他人，该作者仍享有人身权。

---

　　* 本书涉及"a)"的层级，原文为"（a）"，为避免条款项目层级混乱，故将项下的"（a）"改为"a)"，以此类推，以作区分，下同。——译者注

第 46 条　人身权的定义

作品的人身权，指作者所享有的下列权利：

（1）在当时情况下适当范围内并以适当方式，在作品上标明其作者身份；

（2）不得对其作品进行任何歪曲、毁损或其他修改，或针对作品实施任何其他会损害其荣誉或声誉的贬损行为。

第 8 章　侵权和救济

第 47 条　版权侵权

未经版权人同意，对作品实施或授权他人实施第 11 条所述的任何行为的，构成版权侵权，但根据第 4 章规定允许该等行为的除外。

第 48 条　间接侵权

对侵权复制件实施下述行为的行为人在实施该行为时知道或应当知道该复制件是侵权复制件的，构成版权侵权：

（1）销售或出租该侵权复制件，包括许诺销售或出租及展示销售或出租；

（2）为商业目的而持有该侵权复制件；

（3）以商业规模发行该侵权复制件；

（4）以商业方式向公众展示该侵权复制件；

（5）将该侵权复制件进口至以色列，但不符合海关条例第 129 条规定的供个人使用。

第 49 条　在公共娱乐场所公开表演

以营利为目的，未经版权人同意而允许他人在公共娱乐场所公开表演作品的，构成版权侵权，但其不知道或不应当知道该表演构成侵权的除外；在本条中，公共娱乐场所，指用于娱乐和文化表演的场所，包括宴会大厅、户外功能区、餐馆、咖啡馆或俱乐部。

第 50 条　侵犯人身权

（a）对作品实施使人身权受限的行为的，构成侵犯该权利人的人身权。

（b）尽管有第（a）款规定，实施第 46 条（2）项规定的行为根据案件

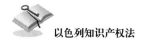

情况是合理的，不构成侵犯该权利人的人身权。

（c）就第（b）款而言，法院可着重考虑下列事项：

（1）行为所针对的作品的性质；

（2）行为的本质及其目的；

（3）作品是雇员在其任职期间或受委托创作的作品；

（4）某一特定部门的习惯行为；

（5）将实施该行为的必要性与该行为对作者造成的损害相比较。

第51条　间接侵犯人身权

对除建筑物或其他构筑物外的作品的复制件实施前述行为，且该行为构成侵犯第46条（2）项规定的人身权的，该行为构成侵犯前述人身权，前提是该行为人在实施该行为时知道或应当知道该复制件侵犯了前述人身权：

（1）销售或出租该侵权复制件，包括许诺销售或出租及展示销售或出租；

（2）为商业目的而持有该侵权复制件；

（3）以商业规模发行该侵权复制件；

（4）以商业方式向公众展示该侵权复制件。

第52条　侵犯版权或人身权属民事过错

侵犯版权或人身权属民事过错，在符合本法规定的情况下比照适用侵权行为条例（新版）的规定。

第53条　版权侵权禁令

在版权侵权诉讼中，原告有权获得禁令救济，但法院认为有理由不允许禁令救济的除外。

第54条　版权侵权诉讼

（a）侵犯版权的主张可由版权人提出，但已根据第37条第（d）款规定对其授予独家许可的，该主张亦可由独家被许可人提出。

（b）根据第（a）款提出主张的权利人，应追加任何根据该款规定有权提出主张的人作为当事人，但法院可应权利人的请求免除上述追加当事人的义务。

第 55 条　人身权侵权诉讼

对侵犯人身权的主张可由作者提出，或者侵权行为发生在作者死亡后的，由其亲属提出；在该情况下，亲属指配偶、后代、父母或兄弟姐妹。

第 56 条　无须证明损害的损害赔偿

（a）版权或人身权受到侵犯的，法院可应权利人请求，就每一项侵权行为判给权利人无须证明损害的损害赔偿，金额不超过 10 万新谢克尔。

（b）根据第（a）款判给损害赔偿，法院可着重考虑下列因素：

（1）侵权的范围；

（2）侵权发生的持续时间；

（3）侵权的严重程度；

（4）根据法院评估对权利人造成的实际伤害；

（5）根据法院评估被告从侵权中获得的利益；

（6）被告活动的性质；

（7）被告与权利人之间关系的性质；

（8）被告的善意。

（c）就本条而言，作为一系列活动的一部分所实施的侵权行为，应被认定为单一侵权行为。

（d）司法部部长可以通过命令变更第（a）款规定的数额。

第 57 条　报　　告

在针对版权或人身权侵权的主张中，法院可以命令被告向权利人提供侵权行为的详细报告；司法部部长可以针对根据本条制作报告的行为制定规定。

第 58 条　无过错侵权人

版权或人身权受到侵犯，但侵权行为发生时，侵权人不知道或无法知道作品享有版权的，无须对该侵权行为承担赔偿责任。

第 59 条　侵犯建筑物或其他构筑物的版权

建筑物或其他构筑物的建造已开始，而该建筑物或其他构筑物内有侵犯版权或人身权的行为，或该建筑物或其他构筑物建成后将会有侵犯版权或人

身权的行为的，权利人不得因该侵权行为，获得禁止完成或拆除施工的命令。

第60条　对侵权复制件的处理

（a）在版权侵权诉讼程序完成后，法院可作出下列命令：

（1）销毁侵权复制件，或就此采取任何其他行动；

（2）权利人提出要求的，将侵犯版权的复制件的所有权转让给权利人，且法院发现权利人可能会使用该等侵犯版权的复制件的，可命令权利人按规定的方式向被告付款。

（b）根据第（a）款向法院提出申请的一方，应以司法部部长规定的方式将该等情况通知以色列警方，且在以色列警方向其提供陈述主张的机会之前法院不得审理该申请。

（c）持有侵权复制件但本人未侵犯版权的，在符合1968年销售法第34条规定的情况下，适用第（a）款规定，但适用相关规定时，该侵权复制件的持有人无权买卖该侵权复制件。

第9章　刑事犯罪

第61条　犯罪行为

（a）不得以交易为目的制作侵权复制件；

（b）不得以交易为目的向以色列进口作品的侵权复制件；

（c）不得参与销售、出租或发行作品的侵权复制件；

（d）不得以商业规模销售、出租或发行作品的侵权复制件；

（e）不得以交易为目的持有作品的侵权复制件；

（f）不得制作或持有旨在用于制作违反第（a）款规定的复制件的物品。

第62条　刑　　罚

（a）有下列任一行为的，处5年以下监禁或刑法（第5737-1977号法律，以下简称"刑法"）第61条第（a）款（4）项规定的罚金金额10倍的罚金：

（1）以交易为目的制作侵权复制件；

（2）以交易为目的向以色列进口作品的侵权复制件；

（b）有下列任一行为的，处3年以下监禁或刑法第61条第（a）款（4）

项规定的罚金金额 7 倍的罚金：

（1）参与销售、出租或发行作品的侵权复制件；

（2）以商业规模销售、出租或发行作品的侵权复制件；

（3）以交易为目的持有作品的侵权复制件。

（c）为实施前述第（a）款（1）项规定的犯罪行为而制作或持有旨在用于制作复制件的物品的，处 1 年监禁或刑法第 61 条第（a）款（4）项规定的罚金金额 2 倍的罚金。

（d）公司实体实施本条规定的犯罪行为的，对公司处该犯罪行为应处的罚金金额 2 倍的罚金。

第 63 条　高级管理人员的责任

（a）公司实体的高级管理人员有义务监督并采取任何必要行动，防止法人团体或其任何雇员实施第 61 条规定的任何犯罪行为（以下简称"犯罪行为"）；高级管理人员违反上述义务的，处刑法第 61 条第（a）款（4）项规定的罚款。

（b）公司实体或其任何雇员实施犯罪行为的，可推定该高级管理人员违反第（a）款规定的义务，但能够证明其已采取履行其上述义务所需的任何行动的除外。

（c）在本条中，高级管理人员，指公司实体的现任董事、合伙人（不包括有限合伙人）以及代表公司实体对实施犯罪的领域负责的高级管理人员。

第 10 章　其他规定

第 64 条　推　　定

如无相反证明，本协议规定的推定适用于涉及侵犯版权或人身权的任何民事或刑事法律程序：

（1）以通常方式出现在作品上作为作品作者的个人或实体，应被视为作品作者和作品版权人；上述推定还应适用于个人或实体的笔名，前提是该笔名所有人的身份为公众所知。

（2）作品上未出现个人姓名或实体名称作为其作者，且作者的身份未以其他方式公开，或作品上出现身份未公开的个人或实体的笔名的，作品的出版商应被视为作品的著作权人，前提是出版商的名称以通常方式作为作品的

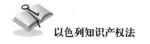

出版商出现在作品上。

（3）个人或实体以通常方式作为制作人出现在电影作品上的，该个人或实体应被视为作品的制作人。

（4）个人姓名或实体名称以通常方式出现在录音制品上作为录音制作人的，该个人或实体应被视为录音制品制作人；上述推定还应适用任何个人或实体的笔名，但前提是该笔名所有人的身份为公众所知，但该推定不适用双方均主张对某一录音制品享有著作权的实体之间。

第65条 海关扣留

（a）作品版权人（其权利已被侵犯或有合理理由怀疑该等权利将被侵犯）可向海关总署署长发出书面通知，表明其为该作品的版权所有人，并要求署长暂停放行其主张是该作品侵权复制件的货物，并将其视为海关条例禁止进口的货物。

（b）根据第（a）款发出的通知应包含下列事项：

（1）证明申请人享有版权的作品非侵权复制件的样本，以及证明版权人已对侵权复制件的进口发出通知。

（2）使海关总署署长能够将该作品与涉嫌侵权的复制件作出比较的目录或其他任何文件。

（c）版权人应向海关总署署长提供其所知的下列信息：

（1）收到包裹的数量；

（2）进口方式或携带侵权复制件的船舶名称的充分说明；

（3）侵权复制件到达以色列的日期。

（d）版权人必须向海关总署署长提供由海关总署署长规定的原始证据和个人担保，以支付与扣留货物有关的所有费用，或在扣留货物明显不合理时补偿因扣留货物而造成的任何损失，以及支付海关条例要求为此支付的任何费用。

（e）对于海关条例第129条规定的为个人使用目的进口的侵权复制件，不适用本条规定。

（f）在本条中，海关总署署长，与海关条例定义的署长具有相同含义。

第66条 适用范围

本法适用于全国。

第 67 条　实施和法规

（a）司法部部长负责执行本法的各项规定，且其可以就本法的实施制定法规。

（b）根据本法第 17 条、第 29 条、第 30 条第（a）款和第（b）款及第 31 条制定法规，须获得下列批准：

（1）就教育机构而言，教育部部长；

（2）就图书馆而言，负责实施 1975 年公共图书馆法的部长和教育部部长；

（3）就档案馆而言，负责执行 1955 年档案馆法的部长。

（c）根据本法第 7 条、第 9 条、第 17 条、第 19 条、第 30 条第（c）款、第 31 条和第 56 条第（d）款制定的法规和命令须获得议会经济委员会的批准。

第 11 章　附属修订

第 68 条　废除 1911 年版权法国王令（在以色列境内实施）

废除 1924 年版权法国王令，且 1911 年版权法在以色列不再有效。

第 69 条　版权条例修订

废除版权条例第 1 条至第 3a 条以及第 3f 条至第 15 条。

第 70 条　专利和外观设计条例修订

在专利和外观设计条例中：

（1）在第 2 条中，将"版权"改为"外观设计权"；

（2）在第 31 条中，将"版权"改为"外观设计权"；

（3）在第 33 条中：

a）在（1）项中，将"版权"改为"外观设计权"；

b）在（2）项至（4）项中，将"版权"改为"外观设计权"；

（4）在第 35 条中：

a）在（1）项中，将"版权"改为"外观设计权"；

b）在（2）项中，将"版权"改为"外观设计权"；

（5）在第 37 条（1）项中，将"版权"改为"外观设计权"；

（6）在第 43 条中：

a）在（1）项中，将"版权"改为"外观设计权"；

b）在（3）项中，将"版权"改为"外观设计权"；

（7）在第 51 条（1）项中，将"版权"改为"外观设计权"；

（8）在第 55 条（4）项中，将"版权"改为"外观设计权"。

第 71 条　海关条例修订

海关条例第 200A 条第（a）款：

（1）在开头，将"版权条例第 7d 条"改为"2007 年版权法第 65 条"；

（2）在（1）项中，将"复制品"改为"复制件"；

（3）在（3）项中，将"版权条例第 7d 条"改为"版权法第 65 条"。

第 72 条　刑事诉讼法修订

在 1982 年刑事诉讼法（合并版）附表 2（3）项中，将"版权条例第 10 条第（c）款和第（d）款"改为"2007 年版权法第 61 条第（c）款、第（d）款和第（e）款"。

第 73 条　法院法修订

在 1984 年法院法（合并版）中，将"第 40 条第（4）款（a）项和（b）项"改为"2007 年版权法第（a）款"。

第 74 条　反洗钱法修订

在 2000 年反洗钱法，附表 1（16）项中，将"版权条例"改为"2007 年版权法"。

第 75 条　打击有组织犯罪法修订

在 2003 年打击犯罪组织法附表 1 第 4 项中，将"版权条例第 10 条第（c）款和第（d）款"改为"2007 年版权法第 61 条第（c）款、第（d）款和第（e）款"。

第76条　议会广播电视法修订

在2003年以色列议会法第15条"知识产权"定义中的电视广播中，"根据1911年版权法和版权条例的版权"应改为"根据2007年版权法的版权"。

第12章　生效、适用和过渡条款

第77条　生　效

本法自公布之日起6个月后生效（以下简称"生效日期"）。

第78条　适用和过渡条款

（a）根据本条第（b）款至第（j）款规定，对于在本法生效之日前完成的作品，同样适用本法规定。

（b）根据本法第2章规定的版权存续，不适用于在本法生效之日前创作的根据先前法律（在本条中称为"旧法"）不享有版权的作品；然而，上述作品自本法生效之日起满足第8条规定的条件，或符合根据第9条作出的命令的，本条规定不妨碍上述作品根据本法规定享有版权。

（c）在本法生效之日前针对作品实施的行为，不受第7章关于侵犯版权或人身权的规定以及关于该等侵权的救济的调整，而应继续适用旧法；但是，根据本法规定不属于侵犯版权或人身权的行为，不得根据旧法的规定提起诉讼。

（d）在本法生效之日前创作或进口至以色列的作品的复制件，根据版权条例第10条第（e）款的规定在本法生效之前本应被视为侵权复制件的，就本法而言应被视为"侵权复制件"。

（e）对于本法生效之日前创作的作品，不适用第33条至第36条的规定，继续适用旧法对此的规定。

（f）对于本法生效之日前发生的版权转让或版权许可，不适用第37条的规定，继续适用旧法对此的规定。

（g）对于本法生效之日前已启动和待决的法律程序，不适用第54条的规定，继续适用旧法对此的规定。

（h）第11条（7）项规定的租用计算机程序的版权，不适用于在2000年1月1日前取得的计算机程序复制件。

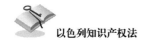

（i）对于本法生效之日前拍摄的摄影作品的作者身份，以及该摄影作品的版权期限，适用旧法。

（j）对于本法生效之日前制作的录音制品，不适用第 1 条关于"制作人"的定义，制作人应为根据 1911 年版权法第 19 条第（1）款被视为作品作者的人。

专利法

专利法[*]

（1967 年颁布，2014 年修正）

第1章 定　　义

第1条 定　　义

在本法中：

WTO，指 1994 年 4 月 15 日在马拉喀什市签订协议成立的世界贸易组织。

审查员，指依法被任命为专利审查员、主审查员或者审查员主管的人。

发明所有人，指根据法律、转让或者协议对发明享有所有权的发明人本人或者从其获得所有权的人。

专利持有人，指在登记簿中注册为被授予专利的人或者专利所有权的被让渡人。

专利局，指第 10 章规定的专利局。

公约国，指基于《保护工业产权巴黎公约》（以下简称《巴黎公约》）而于 1995 年成立的保护工业产权联盟的一个公约国，或者为提交专利申请维持一个共同体系的一组公约国，包括因公约为此目的授予权力而适用公约的区域。

成员，指作为世界贸易组织成员的一个联邦国家、一个国家或者地区。

发明的实施指：

（1）就产品发明而言，指下列任一行为：制造、使用、许诺销售、销售或者为上述任一行为目的的进口；

（2）就方法发明（使用方法以及依照该方法直接获得的产品）而言，指下列任一行为：制造、使用、许诺销售、销售或者为上述任一行为目的的进口；

＊ 本译文根据世界知识产权组织官网公布的以色列专利法英语版本翻译，最后访问时间为 2024 年 7 月 23 日。——译者注

但不包括下列任一行为：

（1）非商业规模和非商业性质的行为；

（2）与发明有关的实验行为，其目的是改进该发明或者开发另一项发明；

（3）根据第54A条规定实施的行为。

专利律师，指在专利代理人登记簿中注册的持有专利律师执照的人。

登记簿，指根据第166条规定保存的专利注册簿。

网上公告，指根据第166A条作出的公告。

注册主任，指根据第157条被任命为专利注册主任的人，包括在符合第158条规定情况下的副注册主任。

申请日，指第15条规定的提交专利申请的日期，但根据本法规定不同日期的除外。

第2章　可专利性

第2条　专利申请权

可授予专利的发明的所有人根据本法规定有权就该发明申请授予专利。

第3条　可授予专利的发明的构成要件

在任何技术领域的一项产品或方法发明，如果是新颖和实用的，适于工业应用，涉及发明性步骤，是可授予专利的发明。

第4条　新颖性

一项发明在申请日之前没有在以色列或国外以下列形式公开的，视为新颖的：

（1）通过书面、可视、可听或者任何其他说明书，使一般技术人员能够根据说明书的详情实施发明；

（2）通过实施或者展览，使一般技术人员能够根据由此为人所知的详情实施发明。

第5条　发明性步骤

发明性步骤指在一般技术人员看来，针对在申请日之前以第4条规定的方式公开的信息，不具有显而易见性的步骤。

第 6 条　公开不影响发明所有人的权利

有下列情形之一的，对于将被授予专利的发明所有人，其权利不受第 4 条规定的公开的影响：

（1）如果证明公开的内容从发明所有人或者前任所有人处获得但未经其同意而公开，并且如果申请在申请人得知公布后的合理期间内提交。

（2）a）发明所有人或者其所有权前任人以下列方式之一进行公布：

（ⅰ）在以色列的一个商品或者农业展览会上或者在成员国之一的一个受承认的展览会上展出，注册主任在开展前收到正式通知；

（ⅱ）在上述展览会期间公布发明的说明书；

（ⅲ）为展览会目的并在展览会场所使用发明。

b）在展览会期间，在展览会场所内部或者外部，通过使用发明而公布，无论发明所有人是否同意，但应在展览会开始后 6 个月内提交专利申请。

（3）通过发明人在科学协会演讲或者通过在该协会的正式学报上发表演讲而公开，但应在演讲前通知注册主任并在上述公开后 6 个月内提交专利申请。

第 7 条　授予专利的限制

尽管有第 2 条的规定，不应授予以下各项专利权：

（1）用于人体的治疗方法；

（2）动物或者植物新品种，但非产生于自然界的微生物除外。

第 8 条　专利只能授予一项发明

一项专利只能授予一项单一的发明。

第 9 条　最先申请优先

多个申请人就相同发明申请专利的，应将专利授予根据本法最先提交有效申请的人。

第 10 条　优先权

（a）发明所有人或者其前任所有人就该发明在成员国合法提交发明专利申请以后（以下简称"在先申请"），发明所有人又在以色列就该发明提交发

明专利申请的，根据第 4 条、第 5 条和第 9 条，可请求将在先申请的日期视为在以色列提交申请的日期（以下简称"优先权"），但以符合下列所有条件为限：

（1）在先申请提交后 12 个月内在以色列提出申请；如果就同一事项提出一个以上在先申请，以最早提交的日期为准；

（2）优先权主张在以色列提交申请后不迟于 2 个月提出；

（3）在条例规定的时间向注册主任提交在先申请的说明书及其附图的副本，说明书应经提交在先申请的成员国主管机关认证；

（4）注册主任认为在先申请专利的发明与在以色列申请专利的发明实质上相同。

（b）优先权主张基于多个在先申请，并且基于每一该等申请主张优先权的，第（a）款的规定应根据与该部分有关的最早在先申请的日期适用于发明的每个部分。

（c）优先权主张基于在先申请的一部分的，应适用第（a）款的规定，犹如该部分已于国外在单独的在先申请中提出主张。

（d）可以就一项专利申请的一部分主张优先权，并且第（a）款的规定应仅适用于该部分。

第 3 章　授予专利的程序

第 1 节　专利申请

第 11 条　专利申请的提交

（a）专利申请应按规定的方式和形式向专利局提交，并缴纳规定的费用，申请应包含申请人的姓名、用于送达文件的以色列地址以及发明的说明书。

（b）申请人是发明人以外的人的，其应在申请中说明其如何成为发明的所有人。

第 12 条　说明书

（a）说明书应包含可确定发明的名称、发明的说明和可能必要的附图，以及能使一般技术人员实施该发明的方式的说明。

（b）为第（a）款的目的，发明的对象是生物材料或生物材料的生产方法，或者发明涉及生物材料的使用的，且该生物材料已被提交至保藏机构，则发明或发明实施方法的说明书的一部分可以包含对该保藏的提述，全部依照司法部部长经议会法律和司法委员会批准规定的形式和条件。

在本条中：

生物材料，指公众不易获取、无法以使技术人员能够实施发明的方式说明，但可独立或者在宿主动物或植物细胞中复制或者再生的生物材料；

保藏机构，指根据《国际承认用于专利程序的微生物保存布达佩斯条约》第 7 条承认为国际保藏单位的机构，或者注册主任为本条目的承认的，其通知已在公报中公告的机构；

《布达佩斯条约》，指于 1977 年 4 月 28 日签订并于 1980 年 9 月 26 日修订的《国际承认用于专利程序的微生物保存布达佩斯条约》；公众可在专利局查阅该条约。

第 13 条　权利要求

（a）说明书结尾应有界定发明的一项或者多项权利要求，所述各项权利要求须可从说明书的描述中合理推出。

（b）可以在权利要求中说明作为实施特定行为的手段或者步骤的发明的任何基本要素，不必具体说明实施该行为需要的结构、材料或者行为；由此说明的权利要求应被视为包括如说明书中说明的有关结构、材料或者行为的详情。

第 14 条　确认提交

按规定方式提交专利申请的，注册主任应尽快向申请人确认该事实和提交日期。

第 15 条　申请日

专利申请日应为首次向专利局提交申请的时间，不考虑其形式上是否存在任何缺陷；但是，表面上看申请书中未说明任何发明，或者未载明申请人的姓名或未缴纳提交申请应付的费用的，申请日应为满足该等要求的时间。

第 16 条　提交申请的公示

（a）申请提交专利局后，注册主任应尽快在网上公示申请专利发明的名

称、申请人姓名、申请数量和申请日；主张优先权的，还须公示接收在先申请的成员国的名称、提交日期、提交机关提供的编号或者其他识别标识，以及司法部部长经议会法律和司法委员会批准后规定的其他详情；费用由申请人承担。

（b）优先权申请在申请事实已根据第（a）款公示后提交的，应连同任何其他详情，重新公布申请的情况，费用由申请人承担。

（c）司法部部长应通过命令规定本条生效日期。

第16A条　关于开放申请供公众查阅的公告

（a）审查专员应在规定日期后根据前述第16条第（a）款，尽快在网上发布公告。其中，申请和所有相关文件清单自公告之日起可在网上供公众查阅（在本条中称为"通知"），但是，审查专员不得在上述通知中包括：

（1）在规定日期前被驳回或者撤销的申请；

（2）在规定日期前已根据第26条公布其获准许事实的申请。

（b）尽管有第（a）款的规定，关于第48A条界定的国际申请事项的通知，应自申请人符合第48D条的规定之日起45日内进行公告。

（c）在本节中，"规定日期"指向专利局提交申请之日起18个月；就优先权申请而言，指自第10条第（a）款规定的在先申请提交日期起18个月，或者自前述第10条第（b）款规定的最早在先申请提交日期起18个月（视情况而定）。

第2节　申请的审查和接受

第17条　申请的接受

（a）审查员应审查申请是否满足下列条件：

（1）其中的发明是第2章所指的可授予专利的发明；

（2）申请符合本章第1节的规定：

a）审查员信纳符合本条要求的，应接受申请；申请被接受的，审查员应通知申请人；通知应说明接受日期。

b）就申请而言，审查员应依申请人要求，按照第48A条规定的国际检索报告的格式出具报告。

（b）尽管有上述第（a）款（1）项规定，根据第4条（2）项不可授予专利的，无须进行审查。

（c）申请符合下列规定条件的，应视为该申请符合第 4 条、第 5 条、第 8 条、第 12 条和第 13 条的规定：

（1）申请人就同一发明提交专利申请（在本条中称为"平行申请"）并在注册主任在公报公布的国家列表中显示其国名的国家取得专利（在本条中称为"平行专利"），且下列所有情况均属实：

a）根据第 10 条基于平行申请针对在以色列提交的专利申请合法地主张优先权；

b）根据适用的法律，基于以色列的专利申请针对平行申请主张优先权；

c）基于在成员国提交的另一项保护申请而合法地针对在以色列提交的专利申请主张优先权，且基于该申请根据适用的法律针对平行申请主张优先权。

（2）申请人书面请求其专利申请适用本条规定。

（3）申请人向专利局提交平行专利权利请求的翻译本，将其翻译成在以色列提交专利申请所使用的语言。

（4）申请中的一项或者多项权利要求与平行专利中的权利要求相同，但申请可以包含少于平行专利中的权利要求。

（5）申请人提交与平行专利中相同的说明书和附图，或者第 12 条规定的说明书和附图。

（d）注册主任和审查员主管或者其副职根据掌握的材料或在审查过程中提交的材料认定申请不符合第（c）款任一规定的，或者存在不应接受申请的其他特别原因的，可以不接受申请。

（e）平行专利宣告无效的程序或者在以色列国外授予平行专利的异议程序正在进行的，申请人应于不迟于在以色列授予专利之日就此通知注册主任。

（f）在本条中，国家包括为授予专利维持一个共同体系的一组国家。

第 18 条　附加审查方法

（a）审查员应至少使用下列一种附加审查方法：

（1）任何外国专利局在审查发明专利申请期间使用的文献清单，而申请人或其前任所有人已针对相同发明在外国提交了发明专利申请；

（2）申请日期之前公布的为申请人所知并与发明直接相关的出版物清单；

（3）应审查员要求申请人应根据本条规定提供的出版物和文献副本；

（4）应审查员要求申请人应根据本条规定提供的出版物和文献中提述的

出版物和文献副本出版物；

（5）为了检索能使专利局开展审查的材料，将申请说明书送交专利局根据任何法律通过注册主任签署合同而与其确定关系的一家以色列或者外国机构，该合同中含有一条关于根据第165条规定对任何专利申请保密和禁止披露的规定。

（b）为了遵守第（a）款规定：

（1）审查员可要求申请人向其提交上述第（a）款（1）项和（2）项规定的所有文件，且其可以要求申请人向其提交第（a）款（3）项和（4）项规定的所有文件；

（2）审查员可以要求申请人为了第（a）款（5）项所规定的检索送交申请的说明书；

（3）审查员可以使用第（a）款（1）项至（4）项列举的文件，即使该等文件是由申请人以外的人提交，并且为了第（a）款（2）项的目的，即使申请人并不知道该等文件；该等文件应由申请人以外的人根据（1）项规定的上述要求在申请人回复之日起2个月内提交。

第18A条　申请人通知专利局的义务

在申请被接受前，申请人或者其代理人获悉第18条所述出版物和文件清单发生任何变化的，应将该变化通知专利局。

第18B条　协助审查机构的通知

注册主任应在公报上通知专利局根据第18条第（a）款（5）项与之签订协议的机构和其意图针对其使用该条规定方式的申请类型。

第18C条　审查程序的实施方式

申请人在答复第18条项下要求时提交误导性详情的，或者申请人故意不告知专利局其根据第18A条有义务更新的出版物和文件清单发生实质性变化的，并且专利已被授予或申请已被接受的：

（1）法官或者注册主任可以在相关程序中采取下列一项或多项措施：

（a）撤销专利或者不授予专利；

（b）根据当事方之间协议所确定的条款，如果未达成协议，根据法院或注册主任确定的条款，向任何欲获得专利的人授予专利实施许可，犹如法院或者注册主任取代了专利权人（视情况而定）；

（c）命令缩短专利期限。

（2）提交误导性详情或者故意不使专利局了解出版物和文件清单更新情况的，法院可对其处以刑法（第 5737 – 1967 号）第 61 条第（a）款（1）项规定的罚金（视情况而定）。

第 19 条　推迟审查

由于在先申请尚未根据第 16A 条进行公告，而认定一项发明全部或者部分不可授予专利权的，注册主任或者审查员可以指示，且如果其申请被认定为不符合要求的申请人提出请求，注册主任或者审查员必须指示，将在后申请的审查推迟至根据第 16A 条提出的在先申请公布之后，或者如果申请人提出要求，可推迟至根据第 26 条提出的在先申请公布之时或至在先申请推迟之时。

第 19A 条　加速审查

（a）对此提出合理解释的申请人可向审查专员提交合理申请并附随证明事实的宣誓书，以便进行加速审查；除其他事项外，下列任何事项应构成合理理由：

（1）申请人年老或者接受医疗的状况；

（2）由于审查专员已被告知其条件和国家的平行申请审查，审查专员针对加速审查可能性的通知；

（3）他人未经专利权人许可，已开始实施专利申请权利主张项下的发明，或者存在其可能如此行事的确实担忧；

（4）根据第 15 条向专利局提交申请或者根据第 48D 条进入国家阶段以来，时间不合理地过长，更具体而言，与开始审查其他同类型申请相比，时间过长；

（5）公共利益；

（6）提供理由证明情有可原的情形。

（b）申请人提出要求加速审查延期或推迟专利申请请求的，除非注册主任认定由于存在申请人无法控制或无法预防的情况，申请人或者其代表需要申请延期，否则审查专员应退回其请求。

（c）有下列情形之一的，申请人以外的与申请人无关或者并非代表其工

作的人，可向审查专员提交合理请求并随附证明事实的宣誓书，要求加速审查根据第 16A 条公布的申请：

（1）存在下列担忧的，即根据既定顺序审查专利申请可能造成在发明领域工作的申请加速审查的申请人，延迟开发或者生产本款项下专利申请所主张的产品或者方法；

（2）自提交请求后已过的时间，根据第 15 条不合理地过长，或者自该请求进入国家阶段之日起已过的时间，根据第 48D 条不合理地过长，并应考虑自到期日直至开始审查相同类型其他申请的任何相当长的时间；

（3）公共利益；

（4）提供理由证明情有可原的情形。

（d）根据第（a）款或第（c）款提出的上述要求，须连同规定的费用一起送交专利局，并应包括申请人的姓名及在以色列交付文件的地址。

（e）如果审查专员发现第（a）款或第（c）款列举的要求已符合时，应在审查申请提交日后尽快进行审查，如规定应缴纳费用的，申请人应针对该审查缴纳规定的费用，但是，对于进入国家阶段的国际申请而言，如果要求获得优先权，不得在申请日或者在先申请的申请日（以较早发生者为准）起 30 个月内进行审查，应于此后尽快审查申请。

（f）尽管有第（b）款和第 164 条的规定，在审查根据第（c）款提出的专利申请时，申请人没有提出延期审查的选择权，亦不得同意延期，但注册主任认定由于申请人无法控制和防止的情况而需要延期的除外。

（g）收到根据本条进行审查的申请的，应将该事实记录在第 26 条项下的出版物及登记簿中，包括审查日期以及在先审查前根据本条审查的相同类型的任何其他申请的日期和编号，根据专利局使用的分类也应进行记录。

（h）本条并不限制第 19 条规定的注册主任或者审查员的权限。

第 20 条　缺陷的通知

注册主任或者审查员认定一项发明不可授予专利权或申请不符合本章第 1 节的规定的，应将不可授予发明专利的理由或申请中的缺陷告知申请人。

第 21 条　缺陷的补正

申请人在相关法规规定的时间内没有消除不可授予专利的理由或补正其在第 20 条之下被通知的缺陷的，注册主任应拒绝接受申请。

第21A条 拒绝接受申请的复审

注册主任根据第21条拒绝受理申请的，其可以应申请人请求重新考虑该拒绝，条件是请求应在注册主任如前述拒绝接受申请之日后12个月内提出。

第21B条 撤销专利申请

申请人可以在授予专利前撤销其专利申请；但是，注册主任可依其规定的条件取消该撤销，条件是其信纳申请已被非法撤销。

第22条 说明书的修改

申请人可以根据第20条项下的通知，或者自行在申请被接受前随时修改申请中的说明书。

第23条 修改之后的申请日

如果在说明书中进行了实质性修改，就第4条、第5条和第9条而言，注册主任可以规定：

（1）如果能够区分修改部分和现有说明书，修改的日期应为向专利局提交修改的日期；

（2）如果不能区分修改部分和现有说明书，整个申请的日期应为向专利局提交修改的日期。

第24条 申请的分案

（a）只要申请未被接受，申请人有权要求将其分为若干申请。

（b）申请包含一项以上发明的，只要尚未接受该申请，注册主任可以指示申请人将其申请分案。

（b1）（1）在本款中：

被审查的申请，指根据本款正在被审查的专利申请；

其他申请，指不是被审查的申请且其日期就第9条而言针对部分被审查的申请先于被审查的申请的专利申请；

（2）注册主任可以指示将被审查的申请、其他申请或两种申请分案，或者删除每种申请中的一些权利要求，均按申请人就其申请作出的选择，如果下列所有针对被审查的申请属实：

a）由于存在其他申请，作为被审查的申请的客体的发明被认定全部或者部分不可授予专利；

b）对其他申请的接受尚未根据第 26 条予以公布；

c）由于存在被审查的申请，作为其他申请的客体的发明被认为全部或者部分不可授予专利。

（c）除第 23 条另有规定外，根据第（a）款或者第（b）款进行分案的每项申请的日期应与其分案前的申请的日期相同。

第 25 条　申请人之间的争议

如果一项申请由一个以上申请人提交，且如果注册主任信纳申请的办理因申请人之间的争议而延迟，注册主任可依照其规定的条件就部分申请人的主动行为采取行动，前提是主动行为者就注册主任席前进行的每项程序和对说明书的每项修改通知非行为参与者的申请人；但是，注册主任只有在所有申请人均同意的情况下方可接受撤销申请的请求。

第 26 条　接受申请的公告

（a）申请根据本节被接受的，注册主任应在网络上公告申请的接受。

（b）公告应包含：

（1）发明的名称和其在专利局使用的分类中的类别。

（2）申请人的姓名。

（3）申请日期。

（4）针对申请主张优先权的，提交在先申请的成员国、申请提交日和编号，或者其所提交的专利局给予其的其他识别标志。

（5）已废除。

（6）向注册主任提供的用于向申请人送达通知的位于以色列的地址。

（7）注册主任认为应包含在公告中的与事项有关的任何其他详情。

第 27 条　已废除

第 28 条　申请接受为证据

申请被接受应为确定性证据，表明其仅包含一项发明，且符合关于申请形式、说明书和附图的规定。

第 29 条　接受后说明书的修改

其申请根据本节被接受后，申请人可以按第 4 章第 3 节规定的方式修改其申请中的说明书，犹如其是专利所有人一样。

第 3 节　专利授予异议

第 30 条　对授予专利提出异议的时间

任何人可以在根据第 26 条公告申请之日后 3 个月内以书面形式就授予专利向注册主任提出异议。

第 31 条　异议的理由

下列是对授予专利提出异议的理由：

（1）存在注册主任可因此拒绝接受专利申请的理由；

（2）发明根据第 4 条（2）项不可授予专利；

（3）异议人而非申请人是发明的所有人。

第 32 条　异议程序中注册主任的权力

（a）注册主任可以接受全部或者部分异议，可以驳回异议或者就申请行使其在第 18 条、第 23 条和第 24 条项下的权利。

（b）注册主任要求将申请分案的，不应根据第 26 条公布单独的申请。

第 33 条　就关于发明所有权的争论进行听证

（a）如果因第 31 条（3）项所述理由提出异议，异议人可以请求向其授予专利，注册主任可以除任何其他救济外将专利授予证明其为发明所有人的人。

（b）在本条项下的程序中，注册主任可以加入其认为对此有利害关系的任何人。

第 34 条　撤销异议后注册主任的权力

异议根据第 30 条妥为提交但随后被撤销的，如果注册主任在异议期间发现了据此最初不应接受申请的材料，注册主任可以拒绝授予所申请的专利。

第 4 节　专利授予

第 35 条　在没有异议的情况下应授予专利

在规定提出异议的时间届满时未提出异议的，或者提出异议又撤回的，或者最终被注册主任或者法院驳回的，应将专利授予当时为发明所有者的人，除非注册主任行使其在第 34 条项下的权力，或者根据第 174 条针对注册主任的决定提出上诉要求驳回异议，并在上诉期限届满的 10 日内向注册主任送交已经提出上诉的书面通知。

第 36 条　注册和证书

专利权授予应在登记簿中注册并应向权利人颁发证书。

第 37 条　责任的保留

审查申请和授予专利不应保证专利有效，国家或者其雇员不应因专利权授予承担任何责任。

第 38 条　已废除

第 39 条　指明发明人姓名

为其发明申请专利的发明人或者其遗属可以要求在说明书、登记簿和专利证书中指明发明人的姓名；注册主任应根据第 40 条和第 41 条的规定同意该请求，条件是请求在规定的时间以规定的方式提交。

第 40 条　针对发明所有者和专利持有人的听证

如果发明人或者其遗属请求指明发明人姓名但其自身并非发明或专利的所有者，注册主任应通知发明或者专利的所有者，并且如果第 30 条项下的异议程序未决，应通知任何作为程序当事方的其他人；如果有关当事方在规定的时间内请求，注册主任应在听取有关当事人的意见后作出决定。

第 41 条　不同意指明姓名的要求

如果注册主任基于第 31 条（3）项或第 73 条所述理由，认为适于将指明发明人姓名的要求视为申请，注册主任不应接受该要求。

第 42 条　不得约定不指明姓名

发明人约定放弃要求指明其姓名的权利的，该约定无效。

第 43 条　指明姓名不赋予权利

姓名被指明为发明人的，不得仅因此使其对发明或者专利享有任何权利。

第 5 节　增补专利

第 44 条　增补专利

（a）专利持有人是作为已授予专利（以下简称"主专利"）的发明的改进或者修改发明的所有者的，可以请求将第二项发明的专利以增补专利向其授予。

（b）增补专利应授予根据第（a）款作为增补专利可授予专利的发明，即使其不涉及超出主专利或者其任何增补专利涵盖的发明的创造性。

（c）申请人提交若干申请的，可以请求针对其中之一的专利作为主专利授予，针对其他的作为主专利的增补专利授予，参照适用第（a）款和第（b）款的规定。

第 45 条　授予增补专利的限制

增补专利的申请在主专利的申请日之前提交的，不应授予增补专利。

第 46 条　授予增补专利可以作为确定性证据

授予增补专利应为确定性证据，表明该专利的客体是主专利的改进或者修改并且它适合作为增补专利。

第 47 条　增补专利的期限

只要主专利有效，增补专利则有效，且无须根据第 56 条缴纳任何费用。

第 48 条　主专利取消后增补专利的效力

（a）主专利依据第 4 章第 4 节或者第 7 章第 2 节被取消，但是增补专利没有随之被取消的，如果增补专利的专利权人请求将增补专利变为独立专利，

增补专利应变为独立专利，并应持续至如主专利不被取消时其有效期限届满之时，条件是按照为缴纳主专利费用规定的时间和数额为之缴纳第56条规定的费用。

（b）主专利被取消且有一项以上增补专利的，第（a）款应适用于所有的增补专利；下列情况例外：

（1）第56条规定的付费义务应仅适用于具有最早申请日的增补专利，所有其他专利应被视为其增补；

（2）增补专利相互不构成改进或者修改的，第（a）款应分别适用其每一项。

第3A章　国际申请

第48A条　定　　义

在本章中：

条约，指《专利合作条约》，1970年6月19日在华盛顿签署，1979年9月28日和1984年2月3日修订，包括在世界知识产权组织（WIPO）网站上公布的现行有效的条约细则（在本法中称为"条约细则"）；公众可在专利局查阅条约。

国际申请，指按照条约规定提交的专利申请，即使其没有根据条约第4条（1）项（ii）目指定以色列；

国际局，具有条约第2条规定的含义；

受理局，指根据条约第2条向其提交申请的国家局或者国际组织；

指定以色列的国际申请，指在以色列或者另一个国家提交的国际申请，其申请人根据条约第4条（1）项（ii）目指定以色列；

国际检索报告，指为了发现条约细则所指的任何在先出版物，根据条约第15条的规定，基于国际申请的权利要求，参照包含在申请书中的说明书及其附图而编制的报告；

初步审查报告，指根据条约第33条的规定，基于国际审查的新颖性、创造性和工业实用性进行的初步审查。

补充书面意见，指如条约第43条之二所述关于作为国际申请对象的发明的新颖性、创造性和工业实用性的书面意见；

国际检索单位，指如条约第16条所述其任务包括制作文献检索报告的国家专利局或者国际组织；

国际初步审查单位，指如条约第 32 条所述其任务包括制作初步审查报告的国家专利局或者国际组织。

第 48B 条 申请的提交

（a）专利局作为以色列国民和居民提交申请的受理局，应受理条约规定的申请并收取条约规定的费用。

（b）注册主任应在公报上公布条约规定的不时生效的费用详情和数额；应收取第（a）款项下的每笔数额并将其转交给条约和任何其他法律规定的机构和单位。

（c）为第 98 条和第 103 条的目的，向专利局或者另一国家的受理局提交的国际申请应被视为在国外提交的申请。

（d）本条中，机构和单位包括专利局。

第 48C 条 关于申请的规定

本法规定应适用于指定以色列的申请，本章规定的变更和下列规定的变更除外：

（1）第 11 条、第 14 条、第 15 条、第 17 条第（a）款和第 20 条的规定不应适用；

（2）第 16 条的规定应适用于申请人满足第 48D 条规定条件的申请；

（3）申请日应根据条约规定确定；

（4）第 165 条第（a）款的规定不应适用于根据条约针对申请公布的信息。

第 48D 条 进入国家阶段

（a）申请人提交指定以色列的申请的，应缴纳第 194 条规定的和条约第 22 条或者第 39 条所述的国家费用（以下简称"国家费用"）。

（b）提交指定以色列的申请的申请人未缴纳条约规定的费用，或者未在条约或条约细则规定的期限内缴纳国家费用，或未在规定的期限实施下列任一行为的，应视为撤回其申请：

（1）向专利局递交申请副本，但根据条约的规定向专利局递交副本的除外；

（2）申请未以英文提交或者公布的，递交经认证的申请英语译本。

（c）注册主任可以仅根据条约第 48 条的规定延长本条规定的期间；但是，为第（b）款（2）项的目的，注册主任可以延长期限至 3 个月，并且仅可根据条约第 48 条延长期限至更长期间。

第 48E 条　文件、修改和费用

符合第 48D 条规定的申请人应按照司法部部长经议会法律和司法委员会批准后的规定向专利局提交文件，对文件作出修改并缴纳费用。

第 48F 条　申请的审查

（a）对国际申请的审查应在第 48D 条规定的缴纳国家费用的期间届满后开始，但申请人书面要求并且符合本章规定的，注册主任可以命令提前开始审查申请。

（b）条约第 28 条和第 41 条规定的期间届满前，不得接受申请且不得驳回申请，但经申请人书面同意的除外。

（c）审查员应针对申请审查是否适用下列所有规定：

（1）申请中的发明根据第 2 章可授予专利；

（2）符合第 12 条、第 13 条和第 48D 条的规定；

（3）已废除。

（d）审查员认为符合本条规定的，应接受申请并通知申请人；通知中应说明接受的日期。

第 48G 条　缺陷的通知

（a）审查员结论认为申请中的发明不可授予专利，或者不符合第 12 条、第 13 条和第 48D 条规定的，应视情况将发明不具备可专利性的理由或申请中的缺陷通知申请人。

（b）为第 21 条的目的，第（a）款项下的通知应被视为第 20 条项下的通知。

第 48H 条　注册主任席前的听证

（a）受理局拒绝向指定以色列的申请授予国际申请日，或者受理局或者国际局认定申请人已撤回其申请或者从申请中取消以色列为指定国，且申请人以书面形式请求注册主任取消该拒绝或认定，注册主任应就此举行听证。

（b）注册主任信纳第（a）款规定的拒绝或者认定系由于受理局或者国际局的错误或遗漏的（视情况而定），其可以：

（1）将申请视为不存在错误或遗漏，并赋予该申请国际提交日期；

（2）视为申请人没有撤回其申请或者没有从申请中去除以色列为指定国。

第48I条　国际检索单位和国际初步审查单位

（a）对于以色列国民、居民或者在以色列注册的公司所要求的国际申请，根据条约及根据条约第16条第（3）款（b）项的规定与国际单位签署的协定（在其网站可供公众查阅，在本章中称为"协定"），专利局应充当国际检索单位和国际初步审查单位。

（b）在不抵触第（a）款规定的情况下，专利局应充当国际检索单位和国际初步审查单位，受理该协定附件所列国家国民或者居民或在上述国家中注册的公司提交的国际申请；注册主任应在官方公报上刊登上述国家名单。

第48J条　申请制作国际检索报告

（a）审查员在收到有关国际申请的国际检索报告的申请时，应制作国际检索报告和补充意见；但其认为发生下列任一情况的除外：

（1）根据条约和协定的规定，该国际申请属于专利局不进行检索的领域；

（2）该发明的说明书、权利要求或者附图不允许进行有意义的检索。

（b）审查员认为由于第（a）款所列原因不应制作国际报告的，应当通知申请人和国际局，并说明其理由，且只能就国际申请制作补充意见。

（c）上述第（a）款（1）项或（2）项所述情况仅存在于国际申请的某些权利要求的，审查员应针对报告所含的其他权利要求制作国际检索报告和补充意见，并在报告和意见中指出其仅针对申请中所含的某些权利要求。

（d）审查员发现提出请求根据第（a）款制作国际检索报告的国际申请含有一项以上发明的，应通知申请人并要求其支付额外费用（在本条中称为"额外费用"）。

（e）（1）申请人在条约规定的期间内部分或者全部缴纳额外费用的，审查报告和补充意见将对已缴纳上述费用的国际申请中权利要求所界定的发明进行处理；

（2）在（1）项规定的期间内未缴纳额外费用的，审查员应针对国际申请中所含权利要求的第一项发明制作国际检索报告和补充意见。

第 48K 条　申请制作初步审查报告

（a）提交制作国际检索报告的国际申请后，向专利局提交针对国际申请制作初步审查报告的申请的，审查员应制作有关国际申请的初步审查报告，但其认为发生下列任一事项的除外：

（1）根据条约和协定的规定该国际申请属于专利局不进行初步审查的领域；

（2）本发明的说明书、权利要求或者附图不允许制作实质性初步审查报告。

（b）审查员认为由于第（a）款规定的原因不应制作初步审查报告的，应通知申请人，并说明理由。

（c）上述第（a）款（1）项或（2）项所述情况仅存在于国际申请中的某些权利要求的，审查员应针对报告中所含其他权利要求制作初步审查报告，并在报告中指出其仅针对申请中所含的某些权利要求。

（d）审查员发现提出请求根据第（a）款制作初步审查报告的国际申请含有一项以上发明的，应通知申请人并要求其减少权利要求的数量或者支付额外的费用（在本条中称为"额外费用"）。

（e）（1）在条约规定的期间内，部分或者全部减少权利要求的数量或缴纳额外费用的，初步审查报告将对国际申请中所含权利要求界定的发明进行处理；

（2）在（1）项规定的期间内没有减少权利要求的数量或者未支付额外费用的，审查员应仅针对申请中的主要发明部分制作初步审查报告。

第 48L 条　反对审查员对于包含多个权利要求的国际申请的审查决定

（a）根据第 48J 条第（d）款或者第 48K 条第（d）款被通知的申请人，可以根据第 161 条的规定对审查员的决定提出异议（在本条中称为"异议"）。

（b）根据司法部部长的规定，注册主任可将其异议评审权委托给专利局的一名职员或者多名职员组成的小组行使。

（c）对异议进行评审的人认定确有正当理由的，在下列情况下，适用下列规定（视情况而定）：

（1）申请人缴纳第 48K 条第（e）款（1）项或者第 48L 条第（e）款（2）项规定的费用的，审查员应当针对国际申请包含的所有权利要求制作国际检索报告或者初步审查报告（视情况而定）；

（2）申请人未缴纳第48J条第（e）款（1）项或者第48K条第（e）款（2）项规定的额外费用的，审查员应当针对国际申请包含的所有权利要求出具国际检索报告或者初步审查报告（视情况而定）。

第48M条　依据国际检索报告、补充意见和初步审查报告认定专利的可专利性

针对国际申请制作的国际检索报告、补充意见和初步审查报告，不得要求审查员根据第48F条第（c）款（1）项对该申请进行审查；但是审查员可以据此进行审查。

第4章　专利、专利的修改和取消

第1节　由专利产生的权利

第49条　专利持有人的权利和对实施专利的限制

（a）专利权人有权防止任何其他人以权利要求中规定的方式或者考虑到该等权利要求中的定义涉及专利发明客体实质后以任何其他方式未经其许可或者非法实施已授予专利的发明（以下简称"侵权"）。

（b）授予专利不构成允许非法的或者以构成侵犯任何法律项下任何既有权利的方式实施任何发明。

第50条　专利的实用性

（a）发明构成方法的，专利还应适用于该方法的直接产品。

（b）针对生产方法的发明而言，在侵权诉讼中，被告必须证明其生产相同产品的方法不同于受专利保护的方法；就本款而言，未经专利权人同意而生产的相同产品，除非另行证明，否则应被视为通过受专利保护的方法生产的产品，需符合下列两个条件：

（1）专利权人无法通过合理努力查明生产相同产品实际使用的生产方法；

（2）相同产品通过受专利保护的方法生产具有高度合理性。

第51条　专利对抗国家的效力

根据第6章的规定，专利有对抗国家的效力，但是民事程序修正法（国

家作为一方）（第 5718 – 1958 号）的规定应适用。

第 52 条　专利的期限

专利的期限为自申请日起 20 年。

第 53 条　基于在先实施的权利

在申请日之前已在以色列善意实施申请专利的发明，或者善意地为实施专利进行实际准备的，有权自行在其业务过程中实施该发明；在本条中，"申请日"指在以色列提交专利申请的日期，或指（针对该申请主张第 10 条项下优先权的）主张优先权的在先申请的申请日。

第 54 条　实施权的转让

第 53 条项下的权利不能转让、移交或者通过继承转移，除非连带使用该发明的业务。

第 54A 条　为取得许可的实验行为

符合下列两项条件的，为在专利失效后获得产品营销许可而进行的实验行为，不构成"实施发明"：

（1）获得许可的努力是为了在以色列或者允许在专利失效前为了获得许可而针对受专利保护的发明进行实验行为的国家获得许可。

（2）在专利有效期或者之后，根据本条条件生产的任何产品不得用于除为获得前述许可外的任何目的；

在本条中，许可指法律要求的为了营销产品的证书、许可或者任何其他文件。

第 55 条　基于在先发明的国家权利

（a）有下列任一情况的，国家可以在其要求的必要范围内实施已授予他人专利的发明，且无须向专利持有人或专利中其他权利持有人支付使用费或者其他补偿：

（1）该发明也是第 132 条所述的职务发明，发明人必须在提交专利申请的日期之前根据第 137 条发出通知，并且根据第 10 条针对该申请主张优先权的，必须在国外申请日之前发出通知；

（2）发明人、国家和发明中权利的受让人均未在以色列或者其他国家针对（1）项所述职务发明主张保护；

（3）在（1）项所述日期之前，职务发明已按规定的方式在为之规定的登记簿中登记。

（b）第（a）款的规定也应适用于无须根据第137条发出通知的人作出的发明，如果发明的权利被转让给国家并且对此符合该款所述的其他条件。

（c）如果允许国家根据第（a）款实施发明，政府还可以仅为国家需要允许与国家订立合同的人实施该发明。

（d）本条规定不得损害国家雇员在第8章项下的权利，不得损害基于协议取得的权利，亦不得损害授予将发明转让给国家的人的权利。

第2节　效力以缴纳费用为条件

第56条　费用的缴纳

专利权人在前述规定的时间缴纳经议会财政委员会批准的规定费用的（以下简称"续期费"），专利应在第52条规定的整个期间有效；未缴纳费用的，专利的效力应在规定缴纳费的时间终止。

第57条　延期缴纳费用

未在规定的时间缴纳续期费的，可以在其后6个月内连同规定数额的附加费缴纳，如果履行，应视费用已在第56条项下规定的时间缴纳，且专利应被视为未终止。

第58条　专利终止的公告

第57条所述期间届满而未按该条规定缴纳费用的，注册主任应在公报上公布该专利失效的通知。

第59条　因未缴纳费用终止的专利的复效

因未缴纳续期费而失效的专利的所有人，可以按规定的方式和形式向注册主任申请专利复效，条件是其在提交申请（以下简称"复效申请"）时缴纳为该目的规定的特殊费用。

第60条　专利复效申请的公告

注册主任信纳未缴纳续期费有合理原因，专利权人并无意图终止专利的效力，并且在专利权人或者负责代其缴纳费用的人得知未付费的情况后尽快提交了专利复效申请的，注册主任应在专利权人缴纳尚未缴纳的续期费后指示在公报上公告该申请。

第61条　对复效的异议

任何人均可在复效申请公告日之后 3 个月内，以注册主任没有任何根据可以命令在公报上公告该申请为由提出异议。

第62条　复效申请的听证

无人提出异议或者虽提出异议但被驳回的，注册主任应作出专利复效的命令，并可以使复效受制于其规定的条件。

第63条　使用失效后又复效的专利发明

在根据第 58 条公布专利失效后开始在以色列实施其专利已失效的发明的，或者在该日期之后为发明的实施作出实际准备的，有权仅为其业务的要求继续实施发明，即使在专利复效之后。

第64条　实施权的转让

根据第 63 条实施发明的权利不能转让、移交或者通过继承转移，除非连带使用该发明的业务。

第2A节　保护期的延长

第64A条　定　　义

在本节中：

药物制剂，指任何形式的经过加工的治疗药物，包括用于兽药的制剂和用于静脉注射的有营养价值的制剂。

原材料，指药物制剂的活性成分或者该成分中的盐、酯类、水合物或者晶状物形式。

营销许可，指药物制剂或者受参考专利保护的医疗设备的营销许可。

基础专利，指保护任何原材料的专利，包括生产原材料的方法、原材料的使用、包含原材料的药物制剂、生产包含原材料的药物制剂的方法或者须在以色列取得许可的医疗设备（以下简称"医疗设备"）。

获承认国家，指附表 1 列举的国家。

获承认欧洲国家，指附表 1 B 部分列举的国家。

参考专利，指在一个获承认国家中保护原材料、原材料的生产方法或者原材料的使用，或者包含原材料的药物制剂，或者用于生产包含原材料的药物制剂的方法，或者在以色列基础专利中要求的医疗设备的任何专利，无论该专利是否与以色列专利平行。

参考专利延长令，指批准将适用下列任一情况的关于包含原材料的药物制剂或者医疗设备的参考专利的期限延长一日或者多日的命令或者许可，该包含原材料的药物制剂或者该医疗设备受参考专利的保护：

（1）该专利是在美国（专利期限延长）授予的，其效力的期限由授权的主管机关根据 2014 年审查期限确定，目的是由提供营销许可的主管机关提供首份营销许可。延期应在授予参考专利后生效，扣除认定在该审查期间申请人并未主张即时性的任何期间，并增加受参考专利保护的药物制剂或者医疗设备的临床试用期的一半；

（2）该专利是在一个获承认欧洲国家（补充保护证书）授予的，确定其有效期限应考虑自参考专利申请日起已经过的时间直至授予首份营销许可的日期，并扣除 5 年；

（3）该专利是在一个获承认国家授予的，并被指定临时延长参考专利期限，直至根据（1）项或（2）项作出决定或者直至其中规定的较早日期（以下简称"临时命令"）为止。

许可，具有第 54A 条规定的定义。

第 64B 条　基础专利的延长

注册主任信纳符合本节规定条件的，应根据本节的规定通过命令延长专利的有效期（以下简称"延长令"），条件是：

（1）延长令的申请为善意提交；

（2）延长令赋予的保护范围不大于基础专利赋予的保护。

第64C条　延长基础专利的申请

（a）基础专利申请人、基础专利所有人和基础专利或者基础专利申请的独占许可所有人可以申请延长。

（b）基础专利或者基础专利申请为共同所有的，每一共有人均可申请延长令。

（c）基础专利申请人、专利持有人、部分共有人或者独占许可所有人未参与申请授予延长命令的，应由延长令的申请人（在本节中称为"申请人"）将其加入成为被申请人。

（d）加入成为本条项下被申请人但不参与程序的，无须缴纳费用。

（e）延长令申请一经提出，注册主任应在官方公报上公布提交申请的通知；该通知应包括申请人的姓名、申请日期和与所要求的延长令相关的基础专利编号。

第64D条　授予延长令的条件

除非符合下列所有条件，否则注册主任不得授予延长令：

（1）基础专利中主张的原材料、其生产或者使用方法，包含该原材料的药物制剂或者其生产方法，或者医疗设备，以及该基础专利保持有效；

（2）就药物制剂而言，包含原材料的药物制剂根据药剂师条例（第5741 – 1981号）第47A条在药物制剂登记簿中登记；

（3）（2）项所述登记是允许原材料在以色列为医疗目的使用的首次登记；

（4）先前未就基础专利或者原材料授予过任何延长令；

（5）在美国授予营销许可的，同时在美国也授予参考专利的延长令，并且尚未到期；

（6）已在一个获承认欧洲国家被授予营销许可的，在同一国家亦授予参考专利的延长令，并且尚未到期；

（7）在美国和在至少一个获承认欧洲国家中授予营销许可的，同时在美国和同一获承认欧洲国家中亦授予参考专利的延长令，并且尚未到期。

第64E条　申请授予延期的审查

（a）有权提交延长令申请的人按专利法细则规定的方式提交延长令申请

时，注册主任应在提交之日起 60 日内开始审查。

（b）尽管有第（a）款的规定，在授予基础专利之前已经按照相应条款的规定提交延长令的申请的，延长令的申请在授予基础专利之前不予审查，并且应适用下列规定：

（1）对基础专利申请的审查应自延期命令的申请日起 30 日内开始，并应尽快完成，为此，审查专员可以缩短本法或者根据本法规定的任何期间；

（2）在授予延长令的申请日前未根据前述第 18 条提交参考资料或者现有技术清单的，申请人应将其连同延长令的申请一并提交。

（c）审查专员注意到或者被提请注意到已满足本条规定的要求的，应自完成授予延长令的申请的审查之日起 60 日内，在互联网上公布拟授予延长令和该命令有效期间的通知。

（d）审查专员注意到或者被提请注意到未满足本条规定的要求的，应自完成授予延长令的申请的审查之日起 60 日内公布驳回延长令申请的通知。

（e）尽管有第（d）款的规定，注册主任注意到或者被提请注意到已满足第 64D 条（1）项至（4）项规定要求，在美国或者至少一个获承认欧洲国家或者同时在两国授予营销许可，并且还未分别根据前述第 64D 条（5）项、（6）项或者（7）项规定授予参考专利的延长令的，应适用下列规定：

（1）注册主任应自其注意到已满足上述条件并且未予授予上述参考专利的延长令之日起 60 日内，在网络上公布其拟授予延长令和该延长令有效期间的通知，条件是参考专利延长令应在基础专利的有效期内授予；

（2）按照上述规定授予参考专利的延长令的，或者授予申请被明确驳回的，申请人应自申请被授予或驳回之日起 90 日内将该事实通知审查专员；

（3）审查专员注意到在基础专利期限届满前授予参考专利的延长令的，应按照第（c）款（在本节中称为"补充通知"）于 60 日内在网络上发布通知，即使根据（2）项申请人关于授予命令的通知是在基础专利到期后交付给审查专员，但其应在该款规定的 90 日内交付；针对基础专利已经公布补充通知，并且根据第 64J 条（3）项尚未到期的，不适用本款的规定；

（4）审查专员注意到或者被提请注意到，如前所述，在基础专利期限届满前未授予参考专利的延长令的，或者如（2）项所述，申请人未向其通知已授予参考专利延长令的事实的，不得授予永久或者临时延长令，并且审查专员应自基础专利期限届满或者（2）项规定的期限届满后（以较迟者为准）60 日内针对其撤销意图根据（1）项授予命令公布通知。

（g）在根据第（c）款或者第（e）款（1）项或（3）项意图授予延长令的通知中，审查专员应在根据相同条款完成审查授予延长令的申请之日基于其掌握的资料（如有）根据第 64I 条第（a）款的规定指明该延长令的有效期间；本款规定不得减损第 64I 条和第 64J 条规定的效力。

第 64F 条　异　　议

任何人均有权针对授予延长令和延长令有效的期间向注册主任提出异议；异议应在根据第 64E 条第（c）款或第（e）款（1）项或（3）项（视情况而定）规定公布通知之日后 3 个月内以通知形式向注册主任提出。

第 64G 条　异议的理由

（a）注册主任据以有权不按照命令申请中的要求授予延长令或者更改延长令有效期间的任何原因，均是对授予延长令或者延长令有效期间（视情况而定）表示异议的理由。

（b）尽管有第（a）款的规定，针对根据第 64E 条第（e）款（3）项在审查专员补充通知中公布的授予命令或其有效期间的表示异议理由，仅涉及针对参考专利的确定延长令，其不是在对根据第 64E 条第（e）款（1）项意图授予延长期间命令的通知表示异议期间本可以提出的任何理由。

第 64H 条　延长令的授予

（a）截至规定提交时间未提出异议的，注册主任应授予延长令；提出异议的，根据下列规定处理：

（1）针对授予延长令提出异议的，如果该异议被撤销或者由注册主任或者法院最终驳回，注册主任应授予延长令；

（2）针对延长令的有效期间提出异议的，注册主任应在自己或者法院对异议作出最后裁决后授予延长令。

（b）延长令应在第 52 条所述的基础专利期限届满时生效。

（c）延长令应在登记簿中登记。

（d）注册主任授予延长令的，基础专利持有人可以在延长令有效期间阻止任何人未经其许可营销或者为营销而生产医疗设备或者包含原材料的药物制剂，只要在基础专利的权利要求中主张了该原材料、其生产方法、其使用或者药物制剂或者其生产方法。

（e）违背第（d）款的规定违反延长令（以下简称"违反延长令"）的，基础专利持有人或者独占许可人有权获得第 183 条规定的所有救济，第 11 章的规定经必要修改也适用于违反延长令（视情况而定）。

（f）延长令不应赋予除本条规定权利外的任何权利。

第 64I 条　延长令的有效期限

（a）除第 64J 条规定外，延长令的有效期间等同于在获承认国家中参考专利延长令授予参考专利的延长期中的最短延长期，临时延长令除外；但是，上述延长期不包括"参考专利延长令"的定义中（1）项和（2）项列举的期间。

（b）只在以色列申请许可的，延长令的有效期间应等同于自提交许可申请之日至发放许可的期间；条件是以申请人名义的申请已善意地提交和办理并恰当地发出。

第 64J 条　期限的限制

尽管有第 64I 条的规定：

（1）延长令的有效期不应超过第 52 条所述期限届满后 5 年；

（2）对于基础专利和延长令项下的原材料、其生产方法、其使用、包含原材料的药物制剂及其生产方法或者医疗设备，专利期限和延长令期限之和的总期限，应于不晚于在某一个获承认国家取得首次营销许可之日后 14 年终止；

（3）根据第 64E 条第（c）款或第（e）款（3）项，延长令的有效期或者拟授予延长令的通知的有效期的终止应不晚于就参考专利而言的延长期终止或者任何参考专利在某一获承认国家被撤销的首日，但临时令和非永久令互换的除外。

第 64K 条　延长令的取消和有效期间的更改

应非基础专利或者独占许可持有人的申请，如果注册主任断定存在可能针对授予延长令或者其有效期间提出异议的理由，其可以取消该延长令或者更改有效期间；时效法不适用于本条项下的取消申请。

第 64K1 条　在诉讼程序期间申请取消和更改有效期间

（a）违反延长令的诉讼在法院待决期间，提出申请取消延长令或者更改

其有效期间的，只有在法院准许的情况下注册主任才能对此进行听证；在获得许可的情况下，注册主任应在给该诉讼的所有当事人机会向其提出意见后作出决定。

（b）违反延长令的诉讼是在向注册主任提交取消延长令或者更改其有效期间的申请后向法院提起的，注册主任应继续针对该申请进行听证，但法院为此另行命令的除外。

第64L条　延长令和拟授予延期的通知的终止

有下列任一情况的，延长令和拟授予延期的通知将终止：

（1）在第64I条所述期间届满之日，但第64J条另有规定的除外；

（2）基础专利的持有人未缴纳第64M条项下费用的，在缴纳该费用的期限结束时；

（3）包含原料的药物制剂的注册被取消的，自注册被取消之日起；

（4）基础专利被取消，或者基础专利被修改以致原材料、生产方法、原材料的使用、包含原材料的药物制剂或者其生产方法，所有这些的结合或者医疗设备不再受专利保护的，自取消或者修改生效之日起。

第64M条　费　用

（a）基础专利的持有人应按专利法细则规定的时间和金额就延长令缴纳费用（以下简称"延长令费用"）；未缴纳费用的，延长令在规定缴纳费用的期限届满之日终止。

（b）第57条至第64条的规定应适用于第（a）款项下的费用，以"延长令"替代"专利"并以"延长令费用"替代"续期费"。

第64N条　已废除

第64O条　时　间

（a）授予延长令的申请应在缴纳费用后且不迟于依据药剂师条例注册药物制剂之日起90日以规定的方式提交。

（a1）在授予延期的申请中发现任何遗漏的详情或者错误的，审查专员应就此通知申请人，申请人应自通知之日起两个月内提交遗漏的信息或者纠正错误；申请人未在上述期限内提交遗漏的信息或者纠正错误的，审查专员将驳回授予延期的申请。

（b）审查专员应根据第64E条第（a）款规定从审查开始之日起或者根据第（a1）款规定从申请人提交遗漏信息或者纠正相关错误之日起60日内（以最迟者为准）完成延期申请的审查。

（c）审查专员应在提出异议之日起1年内，对授予延长令或者延长期间的异议的问题作出决定。

（d）在不减损第64E条第（e）款规定的情况下，尽管有第64D条（1）项规定，审查专员应按照第（b）款完成申请的审查；提交异议的，其应尽可能在基础专利期限届满之前依据第（c）款作出决定，为此，其可以缩短本节规定的或者根据本条规定的任何时间。

第64P条　公　　告

注册主任应针对下列事项在网络上公告通知：

（1）如第64C条第（e）款所述，提交延长令的申请；

（1a）如上述第64E条所述，拟授予延长令及其有效期；

（2）授予延长令及其有效期间；

（2a）取消延长令或者更改其有效期间；

（3）延长令或者拟授予延长令的通知到期；

（4）已废除；

（5）通知驳回延长令申请或者撤销授予延长令。

第64Q条　已废除

第3节　专利的修改

第65条　修改权

专利持有人可以申请修改专利说明书以对之进行澄清、消除说明书中的错误或者对权利要求作出限制。

第66条　修改的条件

注册主任信纳修改不会导致扩大说明书中权利要求范围并且不会给说明书增加任何实质上原本未包含在其中的任何内容的，应允许修改；准予修改

的通知应在官方公报上公布。

第 67 条　对修改的异议

任何人都可以针对准予修改说明书向注册主任提出异议；异议应在公布准予修改的通知后 3 个月内以通知形式提交注册主任。

第 68 条　异议的理由

下列为针对准予修改提出异议的理由：

（1）存在注册主任有权拒绝准予修改的理由；

（2）该修改未能达到其请求的目的。

第 69 条　更正书写错误

（a）专利持有人可以申请更正说明书中的书写错误，并且注册主任信纳其只是更正书写错误的，应允许更正。

（b）注册主任可以自行更正及经专利持有人同意更正其在说明书中发现的书写错误。

第 70 条　在诉讼程序期间申请修改

（a）专利侵权或者宣告专利无效的诉讼在法院待决期间提交修改专利的申请的，注册主任只有经法院允许后方可办理该申请。

（b）法院允许的，注册主任应在给所有诉讼当事人发表意见的机会后就该申请作出决定。

（c）在向注册主任提交修改说明书的申请后向法院提起专利侵权诉讼的，只要法院未针对该事项发出其他命令，注册主任应继续针对该申请进行听证。

第 71 条　修改的登记

没有就修改提出异议，或者虽提出异议但被注册主任决定或者最终判决驳回，或者法院根据第 190 条准许修改说明书的，注册主任应将修改登记到登记簿中，经修改的说明书自登记之日起被视为自始以该形式被接受。

第 72 条　接受修改是其有效性的确定性证据

修改的登记是根据第 66 条允许修改的确定性证据，但欺诈取得的除外。

第4节 经专利持有人申请撤销或者取消专利

第73条 经专利持有人申请撤销或者取消专利

（a）专利持有人可以向注册主任申请撤销或者取消向其授予的专利。

（b）注册主任应在网络上公告根据本条就撤销或者取消专利提出的申请，费用由申请人承担。

（c）认为根据本条申请撤销或者取消专利损害其利益的人，可以按照规定的方式在该申请公告后3个月内向注册主任提出异议，并且该申请被公告一次以上的，可在最后一次公告之后3个月内提出异议。

（d）未根据第（c）款提出异议的，注册主任应按照专利持有人的请求撤销或者取消该专利。

（e）根据注册主任结束听证的决定，提出的异议被注册主任取消、驳回或部分接受的，注册主任应撤销或者取消该专利，但对注册主任的决定提出上诉且第35条所述通知不晚于该条规定的时间发出的除外。

（f）撤销或者取消申请由专利持有人在有关该专利的诉讼在法院待决期间提出的，注册主任应决定是否撤销或者取消该专利；第（a）款至第（e）款的规定也适用于本款项下的申请。

（g）注册主任应在互联网上发布撤销或者取消专利的通知。

第73A条 取消或者撤销的效力

（a）专利经专利持有人申请最终被取消的，注册主任应将该取消登记到登记簿中，并且该专利应被视为从未被授予。

（b）专利经专利持有人申请最终被撤销的，注册主任应将该撤销登记到登记簿中，并且该专利应被视为在提交第73条第（a）款项下的申请之日被撤销。

第5节 经非专利持有人申请取消专利

第73B条 经非专利持有人申请取消专利

经非专利持有人申请，注册主任认定存在可能对授予专利提出异议的理由的，可以取消该专利；时效法不适用于本条项下的取消申请。

第 74 条　注册主任席前针对在法院待决申请的程序

（a）向注册主任提交第 4 节项下的撤销申请或者第 4 节或者本节项下的取消申请，而同一专利的侵权或者撤销诉讼在法院待决的，注册主任只有经法院允许才能受理。

（b）法院允许的，注册主任应在给所有诉讼当事人陈述意见的机会后就该申请作出决定。

（c）在向注册主任提交撤销或者取消专利的申请后向法院提起专利侵权诉讼的，只要法院未就该事项发出其他命令，注册主任应继续针对该申请进行听证。

第 75 条　取消命令的效力和登记

（a）本节项下的取消命令应在针对其提交上诉的期限届满后三十日生效；但是，针对取消命令提出上诉的，法院可以推迟其生效，或者在其认为适当的情况下对生效或者推迟生效规定条件。

（b）专利根据本节或者第 182 条最终被取消的，注册主任应将取消的情况记载到登记簿中，并且该专利应被视为从未被授予。

第 5 章　专利的所有权

第 76 条　发明所有权的推定

只要没有相反的证明，提交专利申请的人被视为发明的所有人。

第 77 条　共同所有权

（a）一项发明或者专利可以由若干人共同所有。

（b）发明或者专利有若干所有人的，就其相互权利而言，其应被视为具有平等份额的所有人，但其书面协议或者法律规定不同分配的除外。

第 78 条　专利共有人的权利

专利所有权的每一共有人均有权以合理的方式实施作为专利客体的发明，但根据他们之间的书面协议或者法律有不同规定的除外；但是，该实施阻止另一共有人实施的，共有人可以选择要求实施的共有人支付适当的使用费或者源于实施的收益份额。

第 79 条　从专利共有人处获得权利的人

善意地从一个共有人处获得存在共有专利的产品，或者一种用该专利保护的方法生产的产品的，该人应受到与从唯一专利持有人处获得产品的人同样的对待；主张并非善意获得的人应承担举证责任。

第 80 条　共同所有的专利所有权的转让

专利的每一共有人均可以不经其他共有人同意转让其份额的所有权，但共有人之间另有协议并且该协议的情况记载到登记簿中的除外。

第 81 条　法院命令共有人的权力

（a）基于某些专利合伙人的申请，法院可以命令其他合伙人为实施专利或者实施其中的任何权利而履行特定行为，以授予专利实施许可，或者有关专利的任何其他事项，并且法院可以授权任一申请人代替被申请人履行该行为，以上均根据申请和法院认为适宜的条件而定。

（b）有下列情况之一的，不应根据本条发出命令：

（1）有损于破产受托人、财产管理人、清算人、遗产管理人或者遗嘱执行人的权利或者义务的；

（2）与专利合伙人之间的书面协议的任一条件相抵触的。

第 82 条　发明和专利的转让

发明中的权利或者专利权可以通过书面转让和根据法律转让。

第 83 条　转让对第三方的效力

协议转让专利的，只对协议各方有效，但根据本法之规定进行登记的除外。

第 84 条　实施许可

专利持有人可以授予独占或者非独占的书面许可以实施授予专利的发明，并且申请专利发明的所有人也可以授予独占或者非独占的书面许可以实施授予专利的发明。

第 85 条　独占许可

专利项下的独占许可赋予其持有人根据第 49 条行使的专有权，如同其为专利持有人，并禁止专利持有人在以色列实施属于专利客体的发明。

第 86 条　非独占许可

专利项下的非独占许可授予依照许可规定的范围和条件实施属于专利客体的发明的权利。

第 87 条　有效性以登记为条件

专利项下的许可只对协议各方有效，但根据本法进行登记的除外。

第 88 条　共有专利的实施许可

（a）共有专利的实施许可只有经所有共有人同意方可授予。

（b）本条不应减损法院在第 81 条项下的权力。

第 89 条　专利抵押

专利持有人可以以书面形式就专利、专利收入或者两者共同进行抵押，并且只要本法对此无其他规定，抵押法（第 5727－1967 号）应适用于该抵押。

第 90 条　抵押的有效性以登记为条件

专利抵押非经在其设立后的 21 日内在登记簿中登记的，对专利持有人的任何其他债权人或者对专利持有人的破产清算人或者破产受托人没有效力，并且其应受制于抵押设立和根据本法正式登记前授予专利中的任何其他权利；但是，该专利是以专利持有人的公司或者合作社的浮动抵押进行抵押的财产的一部分的，无须根据本条登记该浮动抵押。

第 91 条　抵押专利的实施许可

授予许可实施抵押专利（不包括浮动抵押）的，需经抵押权人书面同意。

第92条 抵押的实现

专利抵押可以通过法院准许实现，法院可以授予抵押权人其认为适当的任何救济，包括任命一名财产管理人或者命令出售该专利。

第93条 财产管理人的权力

财产管理人经法院同意可以出售专利或者授予实施专利的许可，并且可以根据法院的指示收取使用费或者其作为专利持有人有权得到的其他付款，无论应支付的日期是在任命财产管理人之前还是之后。

第6章 国家的权力

第1节 基于国防所需的权力

第94条 基于国家安全对注册主任活动的限制

（a）国防部部长认为为了国家安全的利益，包括保护国防之必要，经与司法部部长协商，可以通过命令实施下列行为：

（1）命令注册主任不得实施其根据本法基于特定申请被要求或者允许实施的任何行为，或者推迟实施该行为；

（2）禁止或限制公布或者发布与特定申请有关的信息，或者与申请中信息有关的信息。

（b）应该向申请人送达国防部部长的命令副本。

第95条 向国防部部长送交特定申请

国防部部长可以指示注册主任将特定一类申请副本送交其指定的人，注册主任可以向国防部部长送交在其看来申请事项与国家安全或者包含国防秘密的国防有关的申请，以上均为使国防部部长能够权衡是否就该申请作出第94条项下的命令；国防部部长应在不迟于送交后4个月就上述的每一项申请作出决定，并且只要未作出决定或者上述期限未届满，以较短者为准，注册主任不得针对该申请实施任何行为，但根据第14条确认其提交的除外。

第96条 对行为限制令的争议

（a）申请人可以针对第94条项下的命令向由司法部部长任命的由3名成

员组成的争议委员会提出争议，其成员应包括一名担任委员会主席的最高法院法官和一名国防部部长推荐的成员。

（b）委员会的任命和地址的通知应在官方公报上公布。

（c）提交争议不应中止命令的执行。

（d）争议委员会可以确认、变更或者取消命令。

第97条　进一步争议的权利

申请人有权对第94条项下的命令提出争议，只要该命令有效，并且如果其认为作出决定时存在的情况已经改变，该申请人亦可在就争议作出决定后再次提出争议；但是，委员会认为提出进一步争议是不恰当的，可以命令申请人缴纳费用。

第98条　对在国外提交专利申请的权利限制

以色列国民、永久居民或者任何其他应效忠国家的人不得在国外提交客体为武器或者军火或者有其他军事价值或者涉及第95条的发明的专利申请，并且该人也不得直接或者间接促成该申请被提交，但适用下列任一情况的除外：

（1）事先得到国防部部长书面许可的；

（2）在以色列就该发明提交申请，且在该申请送交后6个月内国防部部长未就该申请作出第94条项下的命令，或者虽作出此命令但命令不再有效。

第2节　与核能有关发明的权力

第99条　对与核能有关活动的限制

（a）国防部部长认为提交专利申请的发明对于在以色列发展核能利用是重要的，或者公开一项发明可能对以色列的核研究造成损害的，经与司法部部长协商，可以通过命令：

（1）命令注册主任不得实施其根据本法针对申请被要求或者获允许实施的任何行为，或者推迟实施该行为；

（2）禁止或者限制公布或者发布有关于该申请的信息，或者与申请中信息有关的信息。

（b）应当向申请人送达国防部部长的命令副本。

第 100 条　某些申请的送交

国防部部长可以指示注册主任将某一类申请的副本送交给国防部部长指定的人，注册主任可以将其认为符合第 99 条项下的一项命令的申请送交国防部部长，以上均为使国防部部长能够权衡是否应发出该命令；国防部部长应在不迟于送交后 4 个月就上述每一项申请作出决定，并且只要国防部部长未作出决定或者上述期限未届满，以较短者为准，注册主任不得针对该申请实施任何行为，但根据第 14 条确认其提交的除外。

第 101 条　对行为限制令的争议

（a）申请人可以针对第 99 条项下的命令向由司法部部长任命的包括 3 名成员的争议委员会提出争议，其成员应包括一名作为委员会主席的最高法院法官和一名司法部部长推荐的成员。

（b）委员会的任命和地址的通知应在官方公报上公布。

（c）提交争议不应中止命令的执行。

（d）争议委员会可以确认、变更或者取消命令。

第 102 条　进一步争议的权利

申请人有权对第 99 条项下的命令提出争议，只要该命令有效，并且如果其认为作出决定时存在的情况已经改变，该申请人亦可在就争议作出决定后再次提出争议；但是，委员会认为提交进一步争议是不恰当的，可以命令申请人缴纳费用。

第 103 条　对在国外提交专利申请的权利限制

以色列国民、永久居民或者任何其他应效忠国家的人不得在国外提交涉及第 100 条的发明的专利申请，并且该人也不得直接或者间接促成该申请被提交，但适用下列任一情况的除外：

（1）事先得到国防部部长书面许可的；

（2）在以色列就该发明提交申请，且在该申请送交后 6 个月内国防部部长未就该申请作出第 99 条项下的命令，或者虽作出此命令但命令不再有效。

第3节　为国家利益使用发明

第104条　国家实施发明的权利

国防部部长认为其为国家安全利益或者为维持关键供给和服务所必要的，可以允许政府部门或者企业或者国家机关实施发明，不论是否已经为其授予专利或者是否已经为其申请专利。

第105条　国家允许实施发明的权利

如果国防部部长认为对第104条列举的目的而言有必要，可以根据该条向与国家签订合同的经营人授予许可，以保证或者便于履行该合同且仅根据国家要求履行该合同。

第106条　授予实施许可的通知

根据本节授予许可时，国防部部长应向发明所有人或者专利持有人和独占许可人通知许可的授予和许可使用的范围，但国家安全另有要求的除外。

第4节　国家支付赔偿和使用费的义务

第107条　限制行为的补偿

根据第94条或者第99条作出命令，或者未根据第98条或者第103条授予许可的，财政部应按照当事方之间协议确定的或者在没有协议时按照第109条项下的补偿和使用委员会确定的数额向发明所有人支付补偿。

第108条　国家使用专利的使用费

根据第104条或者第105条授予许可的，财政部应按照当事方之间协议确定的或者在没有协议时按照补偿和使用委员会确定的数额向发明所有人、专利持有人或者独占许可人支付使用费（视情况而定）。

第109条　补偿和使用委员会

司法部部长应就补偿和使用任命一个委员会，委员会应就本节项下的补偿和使用费的主张作出决定；委员会成员应为一名最高法院的法官、注册主任和一名来自由高等教育委员会法（第5718–1958号）定义的高等教育机构的教师中的教师成员。

第110条　确定使用费的指导原则

确定使用费时，委员会还应考虑准许实施的范围和性质，还可以考虑许可中约定的使用费，该使用费的条件应与许可的使用费的条件相似。

第111条　委员会的专属管辖权

法院或者审裁处均不应考虑补偿和使用委员会管辖权内的任何事项，且委员会作出的每一项决定应是最终决定。

第5节　一般条款

第112条　定　义
在本章中，部长指由政府任命的部长。

第113条　委员会的程序规则

只要本法未规定或未根据本法规定程序规则的，第96条或者第101条所述的争议委员会及补偿和使用委员会（在本节中称为"委员会"）应各自自行规定其程序规则。

第114条　程序不公开

委员会席前的程序不应向公众公开，但委员会为特定事项命令公开的除外，任何人不得公开有关秘密程序的任何内容，但经委员会允许的除外。

第115条　委员会的权力
（a）委员会有下列权力：

（1）取得其认为必要的任何书面或者口头证据；

（2）传唤任何人到会以提供证据或者出示由被传唤人持有的任何文件，审问被传唤人并要求其提供由其持有的任何文件；

（3）强制任何不遵守传唤且无使委员会信纳的正当理由的人到场，命令其支付因其不遵守传唤或者因强制其到场造成的所有费用，并对其处以不超过75谢克尔的罚款；

（4）使任何证人有义务以法庭惯常的方式经宗教式或非宗教式宣誓提供证据；

（5）对任何被传召经宗教式或非宗教式宣誓提供证据或者出示文件而无合理理由拒绝如此行事的人处以不超过 75 新谢克尔的罚款，条件是任何人不得被要求回答可能导致使其入罪的问题，且其不得因拒绝回答该问题而被罚款；

（6）采纳任何书面或者口头证据，即使其在民事或者刑事审判中可能不被采纳；

（7）给予被传唤参加委员会会议的人一笔委员会认为是其因参会而花费的费用。

（b）补偿和使用委员会可以在作出最终决定前命令支付全部或者部分无争议的补偿或者使用费。

第 7 章　为公共利益限制或者取消专利持有人的权利

第 1 节　强制许可

第 116 条　定　　义

在本节中：

专利产品，指为产品或者为其生产方法而授予专利的产品；

专利持有人，包括专利独占许可的持有人。

第 117 条　授予强制许可的权力

（a）注册主任信纳专利持有人滥用其垄断权的，可以将实施作为专利客体的发明的许可授予按规定方式提出申请并缴纳规定费用的人。

（b）本条项下申请在晚于授予专利之日后 3 年或者晚于提交专利申请之日后 4 年提交的，以较晚者为准，注册主任方可受理该申请。

第 118 条　要求关于专利实施进行通知的权力

（a）在第 117 条所述时间结束时，注册主任可以要求专利持有人自要求之日起 60 日内向注册主任书面通知其是否在以色列通过生产或者进口的方式实施专利发明，如果是，还应通知其生产或者进口的范围和生产区域的位置。

（b）通过使用规定的形式请求注册主任要求根据本条获得通知，并缴纳规定费用的，注册主任应要求获得通知。

（c）专利持有人自要求之日起 60 日内或者注册主任规定的额外期限内未对要求作出回应的，应视为专利持有人承认其滥用向其发出通知所针对的发明专利授予其的垄断权。

第 119 条　滥用垄断权的界定

如果作为专利客体的发明、产品或者方法存在下列任一情况，且专利持有人未就此提供合理理由的，行使该专利授予的垄断权应被认为是滥用：

（1）未以合理条件满足在以色列对产品的所有要求；

（2）专利持有人对提供产品或者为其生产或者使用授予许可所附加的条件在当时的情况下是不合理的、未考虑公共利益的，且本质上是由现有专利而导致的；

（3）已废除；

（4）已废除；

（5）已废除。

第 120 条　已废除

第 121 条　在后专利所依赖的在先专利的强制许可

（a）一项专利发明（以下简称"在后发明"）无法在不侵犯另一项专利申请日较早的专利（以下简称"在先发明"）的情况下实施，且在后发明的专利持有人有此请求的，注册主任可以对在后发明的专利持有人授予许可在在后发明实施所必需的范围内实施在先发明，条件是在后发明与在先发明相比有重大的技术革新，而该技术革新具有重大的经济意义。

（b）在先发明和在后发明的用途相同的，授予第（a）款项下的许可应以在后发明的所有人于在先发明的所有人有此请求的情况下向其授予类似的许可为条件。

（c）就根据第 10 条第（a）款主张优先权的专利申请而言，第 10 条第（a）款所指的在先申请的日期，为本条的目的应被视为专利申请日。

（d）根据第（a）款规定向在后发明的所有人授予的许可不得转让，但将在后发明的权利与许可一并转让的除外。

第 122 条　授予强制许可时考虑的因素

处理第 117 条项下的许可申请时，注册主任还应考虑下列因素：

（1）申请人补救申请许可所针对的缺陷的能力；

（2）公共利益，其一般要求能在以色列通过生产或者进口的方式实施的发明应在所处情况下尽最大可能无延迟地实施；

（3）实施专利发明而获得合理报酬的权利，报酬应考虑发明的性质；

（4）保护在以色列通过生产或者进口的方式实施与许可申请有关的发明的任何人的权利以及从事开发该发明的人的权利；

（5）发明的性质，自授予专利后经过的时间，以及专利持有人或者其代表在以色列通过生产或者进口的方式实施发明所采取的步骤。

第 123 条　强制许可范围的限制

本章项下的许可应主要为本地市场的需求而授予。

第 124 条　邀请加入申请强制许可的程序

（a）提交本章项下的许可申请的，注册主任应在网上发布已提交申请的通知，费用由申请人承担，在通知中注册主任应邀请所有对申请有利益关系的人或者可能因授予许可受到不利影响的人参与该程序。

（b）欲参与程序的，应以规定的方式按规定的时间发出通知，且应支付规定费用，作出上述行为后根据情况视其为申请人或者被申请人。

（c）本条应增加而非减损第 159 条的规定。

第 125 条　强制许可的效力

本章项下的强制许可应在注册主任作出决定之日后 30 日或者在注册主任规定的一个较晚日期生效；就该决定提起上诉的，法院可以推迟其生效或者可以为其生效或者延迟附加条件。

第 126 条　许可的条件

本章项下的许可应是非独占许可，且注册主任应在授予许可时规定其条件，包括被许可人应向专利持有人支付的使用费或者其他补偿费，以上皆基于所述情况合理和恰当且考虑了专利持有人的合法利益，注册主任还应规定：

（1）许可应被视为无效或者应被取消或者其条件应被更改的情况；

（2）特别要考虑许可和专利的经济价值、确定使用费或者其他对价金额的方式以及支付的时间和方式；

（3）对根据许可所生产的产品进行标识的方式。

第 126A 条　强制转让许可

不得转让本章项下授予的许可，但将其与使用该专利有关的业务部分或商誉部分一并转让的除外。

第 127 条　复　　审

由于授予许可时存在的情况已经改变或者被许可人违反任一许可授予条件的，根据本章授予许可的专利所有人可以按规定的形式和方式向注册主任申请对已授予的许可进行复审，注册主任信纳取消许可或者更改授予许可的条件是正确的，也可以取消许可或者更改授予许可的条件。

第 128 条　视为协议许可对待的强制许可

本章项下的许可及其条件应被当作根据专利持有人与可能是协议一方的任何其他人以及被许可人之间的协议而授予的许可。

第 2 节　为公共利益取消专利

第 129 条　注册主任取消专利的权力

（a）注册主任信纳授予许可不足以防止滥用作为授予许可原因的垄断权的，可以取消本章项下授予许可的专利。

（b）除非本条项下的申请由有资格获得许可的人提交且自就有关专利首次授予本章项下许可之日已过 2 年的，否则注册主任不应受理该申请。

第 130 条　取消令的效力

根据第 129 条取消专利的，应在注册主任作出决定之日后 60 日生效，或者在注册主任规定的较晚日期生效；就该取消提起上诉的，法院可以推迟其生效或者可以对其生效或者延迟附加条件。

第8章　职务发明

第131条　发明的通知

雇员必须在其作出发明后尽快向其雇主告知其因任职或者在其任职期间作出的任何发明，以及由其提交的任何专利申请。

第132条　因任职产生的发明

（a）雇员因其任职或在其任职期间产生的发明（以下简称"职务发明"），若其与雇主之间无相反约定，应成为雇主的财产，但雇主在向其送交第131条项下通知之日后6个月内放弃该发明的除外。

（b）如果雇员在第131条项下的通知中声明在送交雇员通知后6个月内雇主无相反答复的，发明将成为雇员的财产，且如果雇主未作相反的前述答复，发明不应成为雇主的财产。

第133条　有关职务发明的决定

针对特定发明是否属于职务发明的问题发生争议的，雇员或者雇主可向注册主任申请，由注册主任作出决定。

第134条　职务发明的报酬

没有协议规定雇员是否有权针对职务发明获得报酬、在多大程度上可针对职务发明获得报酬和针对职务发明获得报酬的条件，应由根据第6章设立的补偿和使用委员会决定。

第135条　确定报酬的指导意见

作出第134条项下的决定时，补偿和使用委员会应考虑下列因素：

（1）雇员受雇的职位；

（2）发明和雇员工作之间的关联性；

（3）雇员作出发明的主动性；

（4）实施发明的可能性和其实际的实施；

（5）雇员为在以色列取得发明的保护产生的特定情况下合理的开支。

第 136 条　复　　议

补偿和使用委员会认为作出第 134 条项下决定时存在的情况已经改变，并且被要求进行复议的，有权对该决定进行复议；但是，委员会认为申请不恰当的，可以命令申请人支付费用。

第 137 条　国家雇员通知发明的义务

国家雇员、士兵、警察或者司法部部长通过命令指定的国有企业或者机构的雇员，或者从国家或者从任何该等国有企业或者机构获得报酬的其他人，在其任职期间或者在其任职期间结束后 6 个月内在其职责范围内或者在其受雇单位的工作范围内作出发明的，应按规定通知国家公务局局长（以下简称"公务局局长"）或其他公务人员；该通知应在作出发明后尽快送交，但不得晚于发明人计划提交专利申请的日期，送交按照与财政部部长协商规定的方式进行。

第 138 条　禁止国家雇员在国外提交申请

必须根据第 137 条发出通知的人不应为其发明在国外提交专利或者获得其他保护的申请，但适用下列任一情况的除外：

（1）事先得到公务局局长或者其他为该目的获授权的公务人员的许可；

（2）在其根据第 137 条针对其发明发出通知之日后 6 个月内，未决定将其在发明中的权利根据第 132 条或者根据协议全部或者部分转移至其工作所在的国有企业或者国家机构。

第 139 条　披露详情的义务

根据本章发出通知或者有义务发出通知的，必须随时向其雇主披露发明的所有详情，以及对第 132 条、第 135 条或者第 140 条所述内容具有重要性的其他详情。

第 140 条　帮助职务发明获得保护的义务

作出职务发明且其所有权根据第 132 条或者通过协议全部或者部分转移至其雇主的，必须履行雇主为了雇主利益在任何地点获得发明保护而要求其实施的一切事项，并签署由此要求的任何文件；否则，注册主任可在给雇员

陈述理由的机会后允许雇主如此行事。

第141条　保密义务

未针对职务发明提交专利申请的，雇员、雇主和向其披露该事项的任何人均不得披露发明的详情。

第9章　专利代理师

第142条　在专利代理师登记簿注册的资格

（a）符合下列要求的，有资格在专利代理师登记簿中注册并取得专利代理师执照：

（1）其是以色列居民；

（2）下列任一事项对其属实：

a）其是根据工程师和建筑师法（第5718－1958号）在工程师登记簿中注册的工程师；

b）其毕业于高等教育委员会法（第5718－1958号）所指的高等教育机构，专业为附件二所列专业；

c）其毕业于司法部部长与高等教育委员会协商后批准的海外高等教育机构或者高等技术学院，专业为附件二所列专业；

（3）其已通过第143条所述考试或者免试；

（4）其在以色列的一个执业至少3年的专利代理师开设的事务所、专利局或者工业企业的专利部门从事资格服务不短于2年；

（5）其已支付规定费用。

（b）司法部部长经议会委员会、法律和司法委员会批准可以增加附件二中列举的专业领域。

第143条　考　　试

（a）希望在专利代理师登记簿中注册的，必须按规定的方式通过考试以证明其对规定的以色列和外国的专利法、外观设计法和商标法以及其他相关法律有适当的知识，并且证明其根据规定掌握希伯来语和至少一种其工作要求的其他语言。

（b）考试应由2至3名考官进行，其中只有一名专利代理师，每次应由司法部部长或者其为此目的任命之人从局长确定的考官名单中挑选。

（c）能以某种其他规定方式证明报考人员掌握第（a）款规定考试所要求的知识的，司法部部长可以对该类报考人员免试。

第144条　缩短资格服务期限

司法部部长可规定类别报考人员免于第142条（4）项规定的全部或者部分资格服务的义务。

第145条　缴纳费用——注册条件之一

在专利代理师登记簿中注册的，应获发专利代理师执照，并且只要其在规定时间缴纳规定费用，便应被注册在登记簿中。

第146条　纪律委员会

司法部部长应一般性地或者针对具体案件，指定由3名成员组成的纪律委员会，其中一名具有法官资格，并由其担任委员会主席，另两名中至少一名是专利代理师。

第147条　投　　诉

（a）任何人均可针对专利代理师向纪律委员会投诉。

（b）司法部部长未任命一般性纪律委员会的，投诉应提交司法部部长，由其根据第146条任命委员会并将投诉转至该委员会。

第148条　纪律违反和处罚

（a）纪律委员会认定专利代理师存在下列任一情况的：

（1）被判犯有涉及不诚实的刑事犯罪的；

（2）允许其作为专利代理师的姓名被非专利代理师为其利益而使用的；

（3）在履行其作为专利代理师的任务中表现出无能力、不负责任或者疏忽大意的；

（4）在其职业工作中行事不公正，或者以与其专利代理师职业不恰当的方式行事的；

（5）违反职业道德规则的。

委员会应对其采取下列一项或者多项措施：

警告；

训诫；

刑法（第 5737 – 1977 号）第 61 条第（a）款（1）项所述的罚金；

禁止其在不超过 5 年的期间内作为专利代理师工作；

从登记簿中除名。

（b）纪律委员会的决定应采用书面形式，并以规定的方式交付投诉人和专利代理师。

（c）纪律委员会可以酌情决定通过公布或不公布专利代理师的姓名部分或全部公布针对专利代理师采取的惩罚方式。

（d）根据本款将专利代理师的姓名从登记簿中移除的，由注册主任进行复议的申请自作出该决定之日起 7 年内并且在其证明存在续期注册是正当的免除情节之前不得予以审查；重新注册应得到纪律委员会批准。

第 149 条　上　　诉

专利代理师可在被送达决定通知后 30 日内，针对纪律委员会根据第 148 条规定向其施加惩罚的决定（包括公布其决定的决定）向地区法院提起上诉，并且根据本章针对专利代理师投诉的人，可就纪律委员会的决定或者就委员会拒绝其投诉提起前述上诉。

第 150 条　纪律委员会的程序规则

纪律委员会只有在传唤专利代理师至其席前并将投诉通知专利代理师之后方可对其进行审讯或者取证；纪律委员会在作出决定前，应给予专利代理师发表意见的机会；专利代理师经第二次传唤仍不出现在委员会席前的，委员会可以在其缺席的情况下审理、取证和听审，并可在其未发表意见的情况下作出决定。

第 151 条　纪律委员会的权力

纪律委员会拥有委员会在第 115 条第（a）款项下的所有权力。

第 152 条　执　　行

（a）注册主任应将纪律委员会决定对专利代理师采取的纪律处罚记入登记簿。

（b）只要第 149 条项下的上诉期限没有届满，注册主任便不得执行纪律委员会的决定；提交上诉的，在地区法院作出判决前，注册主任不应执行该决定。

（c）委员会决定公布本条项下登记簿记载事项的，应将其公布在公报上。

第 153 条　法律保留

本章项下纪律程序中的有罪判决或者无罪宣告，不应由于存在本法项下的纪律程序所依据的理由，而减损针对某人提起刑事程序或者其他纪律程序的任何权力。

第 154 条　专利代理师的权利

（a）专利代理师享有专有权利，为获得报酬而在以色列办理专利、外观设计和商标申请，制备向注册主任、专利局或者另一国家的工业产权保护部门提交的文件，以及代表当事人并在注册主任或者专利局席前的任何程序中处理事项及进行代理。

（b）本条不减损律师或者国家雇员在其职能范围从事所述行为的权利。

第 155 条　在法院的代理权

专利代理师经法院允许有权在法院代表本法项下程序的一方针对与发明或者专利有关但不属于法律问题的任何事项进行辩护，条件是该当事人的律师届时在场。

第 10 章　专利局和注册主任

第 156 条　专利局

应成立一个局，称为专利局，通过注册主任、审查员和其他人员实施本法指定的活动及下列行为：

（1）向公众提供被授予专利的信息；

（2）维持与专利有关的档案馆和出版物；

（3）保持与保护工业产权的国际组织的联系；

（4）保持与以色列和国外机构的联系，条件是与该机构签署的任何协议符合所有制定法的规定，并且第 18 条项下的合同应含有一条对所有专利申请

保密及不披露信息的规定，其措辞应经注册主任批准。

第 157 条　注册主任

（a）专利局应由专利注册主任负责，其应由司法部部长任命。

（b）注册主任应是有资格担任地区法院法官的人。

（c）在履行其在本法项下的司法职能时，注册主任不应受制于除法律外的任何其他权力。

第 158 条　副注册主任

（a）司法部部长可以任命副注册主任。

（b）副注册主任应是一名有资格担任地区法院法官的人，或者是在专利代理师登记簿注册时长至少 5 年的人。

（c）副注册主任可以履行本法赋予注册主任的任何职能，但第 109 条和第 7 章项下赋予注册主任的职能与权力除外；副注册主任应根据本法规定履行其职能，并且为履行其职能，具有本法赋予注册主任的权力。

（d）副注册主任有效履行的任何行为，应具有注册主任履行该行为的效力。

第 159 条　注册主任行使权力

注册主任行使本法赋予其的权力前，应先给予可能因其决定遭受不利影响的人一次在其面前发表意见的机会。

第 160 条　注册主任的决定应为书面

注册主任的决定应为书面，按规定方式送交作出决定的诉讼中的每一个当事人。

第 161 条　对审查员行为的异议

允许对审查员的任何决定或者行为提出异议，并要求将事项提交注册主任。

第 162 条　异议事项的程序

（a）根据本法提交注册主任的异议事项中，注册主任应给予当事方在规定时间内按规定方式和形式提交证据及书面或者口头提出理由的机会。

（b）注册主任可以命令支付合理开销，并且可以指示由哪方支付及支付的方式。

（c）第（b）款项下的命令可以如法院判决一样执行。

第163条　提交注册主任的证据

（a）根据本法或者本法项下条例中的任何规定，证据应以书面宣誓陈述书提交注册主任，注册主任如果被要求对提交书面宣誓陈述书的人进行交叉询问，且其认为不存在拒绝的合理理由时，应允许对该人进行交叉询问。

（b）在听取口头证据时，注册主任在证人宣誓、接受其声明和强制证人出庭以及与此有关的和与提供证词有关的其他事项上应拥有法院的所有权力。

第164条　延　　期

（a）注册主任认为存在合理理由时，可以延长本法规定的在专利局或者在注册主任席前实施任何行为的时间，但第18条第（b）款（3）项（涉及非申请人提交文件）、第30条、第56条、第57条、第61条、第64E条第（e）款（2）项、第64F条、第64M条、第64P条第（a）款、第73条第（c）款、第170条第（c）款规定的时间除外；就第10条而言，下列情况例外：

（1）注册主任不得延长第（a）款（1）项规定的时间，但其信纳在以色列未及时提交申请是由于申请人和其代理人无法控制和无法防止的情况所导致的除外；

（2）只有在注册主任尚未接受申请并信纳该错误是无心之失时，才应延长第（a）款（2）项规定的时间。

（a1）已废除。

（a2）尽管有第（a）款的规定，注册主任可以延长第64P条第（1a）款规定的时间，且仅可延长一次。

（b）注册主任可以为延期附加其认为适当的条件。

（c）申请延期可以在期间内或者在此之后提交。

（d）尽管有第（a）款和第（b）款以及其他法律的规定，第10条第（a）款（1）项规定期限的最后一日不是工作日的，该期限应于此后首个工作日终

止；此规定并不减损对第 10 条第（a）款（1）项规定的时间延长的权力。

第 165 条　专利局文件的保密

（a）只要各专利申请未根据第 16A 条或者第 26 条（以较早者为准）公布，且本法没有其他规定的，注册主任和专利局的每个雇员，以及基于第 18 条第（a）款（5）项、第 95 条、第 96 条、第 100 条、第 101 条或者第 109 条被给予信息的每一其他人员，应对每项专利申请保密。

（a1）第（a）款规定不适用于：

（1）根据第 16 条公开的详情；

（2）注册主任根据第 21 条作出的拒绝；

（3）申请人根据第 21B 条取消申请的事实。

（b）任何人不得披露在实施本法过程中得到的并且不开放供公众查阅的信息，但为履行本法规定或者为根据本法提起刑事诉讼所必要的除外。

第 166 条　专利登记簿

（a）专利局应备存专利登记簿，其中应记载本法规定的事项以及规定的或者注册主任认为应当记载的额外详情。

（b）在本法项下的程序中，当事人将地址告知专利局的，该地址应作为向其送达关于本法项下任何事项的通知和文件的地址。

（c）如第（a）款所述，出版物和通知的副本应在下列地点备存并供公众查阅：

（1）国家档案馆；

（2）公共图书馆；

（3）议会图书馆；

（4）司法部图书馆；

（5）专利局。

第 167 条　专利局文件

专利局持有的与专利局审查专利申请、专利有效性或者专利权、可能影响专利有效性或者专利权的其他事项有关的所有文件，应在专利局于专利期满之日后至少保留 7 年，但专利局成员之间的内部通信以及条例对其另有规定的其他文件除外。

第 168 条　公众查阅和获取认证摘要

（a）根据第 167 条必须备存的登记簿和文件应开放供公众查阅；但根据第 16 条或者第 26 条未公开的专利申请相关文件不应开放供公众查阅。

（b）所有人在均按规定的方式提出申请并缴纳规定费用后均有权得到登记簿中或者本条项下开放供公众查阅文件中经专利局盖章认证的摘要。

第 169 条　权利转让的登记

（a）专利权利或者针对其提交专利申请的发明权利的受让人可以作为该等权利所有人向注册主任申请注册；注册主任信纳该转让且收取规定费用后，应将该转让记入登记簿或者申请文档中。

（b）裁决书系裁决专利权转让或者已提交专利申请之发明权利转让的，司法部部长得指定该裁决书的送达方式；司法部部长已作出该指定且裁决书以该指定方式送达给注册主任的，则尽管有本条第（a）款的规定，注册主任应登记该裁决书裁决的转让。

第 170 条　更正记载和文件

（a）利害关系人认为登记簿或者由注册主任签发或者向注册主任提交的任何文件没有反映事实，且本法未规定其他更正方式的，应该由利害关系人申请，注册主任可以对其进行更正。

（b）注册主任应在公报上通知本条项下的更正申请；但是，申请是为了更正专利申请或者与其相关文件的，只可在第 26 条项下关于专利申请被接受的通知发出之后公布申请更正的通知。

（c）在根据第（b）款更正申请公布后 3 个月内，任何人可就更正申请提出异议。

（d）本条项下异议的法律程序应与第 30 条项下异议的法律程序一样。

第 171 条　更正书写错误

以规定的形式和方式提出要求的，注册主任可以更正登记簿或者由其或者专利局颁发的文件中的书写错误。

第 172 条　注册主任主动更正

注册主任在给予可能因其更正受到不利影响的人一次陈述意见的机会后，可以自行根据第 170 条和第 171 条作出更正。

第 172A 条　司法职能的委托与授权

（a）司法部部长可以委托一名国家雇员，且该雇员应是有资格担任地区法院法官之人（以下简称"知识产权审裁员"），履行注册主任必须履行的司法职责或者根据本法规定（第 109 条和第 7 章除外）能够或允许履行的职责。前提是，对于确定或者决定专利是否具有注册资格或者对于专利不具有注册资格是否有异议，只有在专利注册申请经审查员审查后，才能将司法职责委托给知识产权审裁员。为此目的，专利申请涉及已在国外注册的专利或者已在国外提交专利注册申请的事实，不应构成对申请进行审查的充分权力。

（b）将第（a）款所述职能委托给知识产权审裁员的，其应根据本法规定履行职责，并且为了履行其职责，应向其赋予注册主任在本法项下的权力。

（c）任何由向其委托第（a）款所述职责的知识产权审裁员依法履行的行为，就本法而言，应被视为由注册主任履行的行为。

第 173 条　对证明专利权利的文件采纳的限制

（a）转让专利、提交专利申请的发明或该发明或专利中权益的文件或者契据，除非根据第 169 条进行注册，或者法院认为有理由采纳，否则不得在法院采纳作为享有发明、专利或者利益的证据。

（b）尽管有第（a）款的规定，在根据第 170 条更正登记簿的任何程序中，前述文件应采纳作为证据。

第 174 条　上诉权

（a）认为由于注册主任根据本法在其席前进行程序中听证结束时所作决定而受到损害的，包括根据第 159 条不予听证的决定，可以在规定的时间内就此向法院提出上诉。

（b）认为由于注册主任根据本法所作任何其他决定而受到损害的，经法院或者注册主任允许，可以就此向法院提出上诉。在本条中，"其他决定"指不结束注册主任席前程序听证的任何其他决定。

第 175 条　上诉中的被上诉人

注册主任席前程序当事人，除上诉人外，均为被上诉人；如果没有另一方，注册主任是被上诉人。

第 176 条　非公开审理

针对注册主任拒绝在根据第 26 条公开前接受专利申请的决定提出上诉的，应进行非公开审理，但法院应上诉人申请另行命令的除外。

第 177 条　上诉中的证据

上诉审理法院可以收集证据，包括注册主任已经收集的证据和其他证据，并且法院可以要求证据以宣誓书或者以其认为适当的其他方式提交；证据以宣誓书提交的，参照适用第 163 条第（a）款的规定。

第 11 章　专利侵权

第 178 条　侵权诉讼

（a）只有专利持有人或者独占被许可人有权针对侵权提起诉讼。

（b）在共有专利的情况下，各共有人均可针对侵权提起诉讼。

（c）专利持有人或者部分专利共有人或者独占被许可人不作为原告参与侵权诉讼的，原告应将其合并作为被告。

（d）根据本条合并作为被告但不参与诉讼的，不应要求其支付费用。

第 179 条　提起侵权诉讼的时间

侵权诉讼只可在授予专利权后提起；但是，提起侵权诉讼的，法院可以：

（1）对在第 16A 条项下公布之日以后及第 26 条项下公布之日以前实施发明判给赔偿；该赔偿金额应为侵权人在前述实施范围内如被授予许可本应支付的合理使用费；但是只有当法院认定其对授权专利构成侵权且在申请中所主张的发明与根据第 16A 条公布的申请中所主张的发明实质相同的情况下，方可判给赔偿；

（2）针对在第 26 条项下的公开之日以后实施的侵权给予救济。

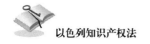

第 180 条　对被没收产品的利用

利用被合法没收给国家的产品不构成侵权。

第 181 条　在外国船舶、飞机和车辆上使用专利

下列使用不应视为侵权：

（1）当在以色列以外成员国注册的船舶临时或者偶然在以色列领水内，在其船体、机器、用具、装置或者其他配件使用以色列的发明专利，条件是该使用完全出于该船舶需要；

（2）当在以色列以外成员国注册的飞机或者陆地车辆临时或者偶尔在以色列时，将以色列的发明专利用于建造或者操作该飞机或者陆地车辆，或者该飞机或者陆地车辆的配件。

第 182 条　侵权抗辩

（a）对授予专利权提出异议的任何理由可以作为侵权诉讼的有力抗辩；法院接受该抗辩的，应视情况命令全部或者部分取消专利。

（a1）可能对授予延长令提出异议的理由可以作为违反延长令诉讼的有力抗辩；法院接受该抗辩的，应命令取消延长令。

（a2）可据以缩短延长令效力期间的理由可以作为在缩短期内提起违反延长令之诉的有力抗辩；法院接受该抗辩的，应命令缩短延长令的有效期；为此，"缩短期"指延长令的效力期间根据其应被缩短的事由而缩短的期间。

（b）时效法不应适用于本条项下的抗辩。

第 183 条　侵权诉讼的救济

（a）在侵权诉讼中，原告有权通过禁令和赔偿的方式获得救济。

（b）判处赔偿的，法院应考虑构成侵权的行为和原告由于该行为所处的状态，其还可以考虑：

（1）给原告造成的直接损失；

（2）侵权的程度；

（3）侵权人因侵权行为获得的利润；

（4）如向其授予与侵权程度相当的实施专利的许可，侵权人本应支付的合理使用费。

（c）专利持有人或者独占被许可人对侵权人提出警告后发生侵权的，除根据第（b）款判处赔偿外，法院可以命令侵权人支付其金额不超过前述赔偿的惩罚性赔偿。

（d）针对赔偿提起诉讼的，法院可以命令被告就侵权程度进行说明；但是，在确定赔偿数额时，法院不应受该说明约束，可以根据案件所有情况确定赔偿数额；本规定不得针对情况说明减损《法律程序条例》的规定。

第184条　部分取消专利后判给补偿的限制

针对其提起侵权之诉的专利部分被取消的，不应仅根据该事实拒绝向原告判处侵权赔偿；但原始专利说明书中权利要求的措辞并非善意或不清楚的，法院可以不判处赔偿。

第185条　专利说明书被修改后针对专利的赔偿

在允许修改说明书中权利要求前侵犯专利权的，以及在允许修改后提起侵权赔偿之诉的，如果原始专利说明书中权利要求的措辞并非善意或不清楚的，法院可以不对允许修改予以考虑。

第186条　针对更新专利的赔偿

对于在根据第56条应缴纳费用至根据第57条实际缴纳费用期间实施的专利侵权，法庭可不判处赔偿。

第187条　不构成侵权的声明

（a）意图为实施产品或方法的，可以申请法院声明该实施不构成对申请中所述专利的侵权。

（b）专利持有人和独占被许可人应是该申请的被申请人。

（c）除非申请人向专利持有人详细说明其希望使用的产品或者方法，且已请求其作出申请人向法院申请的声明，否则被申请人拒绝作出或者未在合理期间内作出声明，法院不应同意作出该声明；但是，法院不应仅因为其认为申请人提交申请的时间是在被申请人有合理时间作出声明前而拒绝该请求。

（d）当事方的费用应由声明申请人负担，但法院另行命令的除外。

（e）在本条项下的诉讼中，不应听取专利无效的辩由，作出或者拒绝作出声明对专利是否有效的问题不具有决定性。

第 187A 条　执行手段

在本章项下的诉讼中，法院可以诉诸第 18C 条所列执行手段。

第 12 章　管辖和处罚

第 188 条　管辖法院

（a）除侵权诉讼外，本法所称的法院是耶路撒冷地区法院；但司法部部长可以通过命令指示本法项下法院的权力，亦应属于指定的其他地区法院。

（b）受理侵权诉讼的法院应是根据任何其他制定法对此具有管辖权的地区法院。

第 189 条　科学顾问

（a）在本法项下的诉讼中，法院可以任命一名科学顾问，协助法院取证并向法院提出建议，但不得参与作出判决。

（b）科学顾问的报酬应由法院确定并由国家财政部支付。

第 190 条　命令修改说明书的职权

在本法项下的任何程序中，法院可以根据专利权人的申请命令基于第 65 条或者第 69 条规定的理由对说明书作出修改，参照适用第 66 条和第 67 条的规定。

第 191 条　法院将申请推介给注册主任的权力

法院允许注册主任针对第 70 条项下修改申请或者第 74 条项下取消申请进行听证的，可以中止法院席前针对该专利的未决诉讼的程序，中止期间和条件应由法院规定，但任何一方当事人均可随时向法院申请变更或者取消中止令。

第 192 条　佯称专利代理师的惩罚

（a）有下列行为之一的，应处 5000 谢克尔罚金：

（1）不是专利代理师而履行本法规定应由专利代理师履行的任何行为的；

（2）不是专利代理师而佯称专利代理师的；

（3）在专利代理师执照被暂停期间履行本法规定应由专利代理师履行的任何行为的。

（b）第（a）款（1）项不适用于律师或者根据第154条第（b）款所述在履行职责过程中行事的国家雇员。

第193条　损害国家安全或者国家经济实力以及泄露秘密的行为

（a）违反根据第94条或者第99条发出的指示公开或者传递信息的，或者违反第98条、第103条、第114条、第137条、第138条或者第165条规定的，处两年监禁或者2万新谢克尔罚金。

（b）以色列的法院有权审理在国外实施的第98条、第103条、第138条和第165条项下的犯罪。

（c）本条规定应增加而非减损任何其他制定法的规定。

第13章　实施和条例

第194条　实施和条例

司法部部长负责本法的实施，经以色列议会、法律和司法委员会批准，可以为本法的实施制定条例，包括针对下列事项的条例：

（1）注册程序。

（2）本法项下诉讼的法律程序。

（3）申请的形式、说明书和在说明书中展示发明的方式。

（4）针对向专利局提交申请或者专利局实施的行为应缴纳的费用、针对专利注册或者更新应缴纳的费用，以及针对其他规定事项应缴纳的费用。

（4a）a)针对下列规定或者事项应缴纳的费用：

（ⅰ）第3A章；

（ⅱ）专利局针对其他事项实施的行为，且条例规定必须为其缴纳的费用；

（ⅲ）专利局根据第48A条定义的条约必须实施的行为，条件是该条约规定可以针对该等行为收取费用。

b)根据条约要求缴纳的费用的缴纳程序和缴纳时间。

（5）代表注册主任公布和发行说明书的摘要和附图以及对专利局编制的

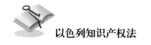
其他出版物的管理。

（6）专利局制备、印刷、公布和发行专利说明书。

（7）专利代理师在专利局注册的程序。

（8）根据第 3A 章提交国际申请和办理该申请的程序。

（9）为缴纳本法要求缴纳的费用和实施本法要求实施的行为确定时间。

（10）专利代理师职业道德准则。

（11）申请授予专利权延长令、对授予延长令提出异议和申请取消延长令的法律程序。

（12）被授予延长令的基本专利的持有人向注册主任发送通知的方式。

（13）为专利局就延长令有关事项进行的行动应缴纳的费用。

（14）根据第 166A 条在专利局网站和网络上对登记册的公布以及以其他方式的公布。

第 14 章　生效和过渡条款

第 195 条　生　效

本法自 1968 年 4 月 1 日生效，专利和外观设计条例自该日起不再适用于专利权授予、发明和其有效性；下列情况例外：

（1）上述条例应适用于本法针对与可专利性和有效性相关的任何事项生效前授予的专利；

（2）根据条例第 10 条发出通知的申请中的专利，应按条例规定的方式授予，一经授予专利，应适用（1）项；

（3）根据条例备存的登记簿应被当作根据本法备存的登记簿；

（4）根据条例被任命为注册主任的人应被视为根据本法被任命为注册主任。

第 196 条　关于专利代理机构的过渡条款

自本法生效之日起，除非根据本法注册的专利代理师或者律师或根据第 154 条第（b）款履行职责的国家雇员，否则任何人不得办理专利注册；下列情况例外：

（1）根据《专利和外观设计条例》注册为专利代理机构的个人，有权根据本法注册为专利代理师；

（2）根据条例注册为专利代理机构的事务所的合伙人和该事务所雇用之人，如果注册主任信纳其在相当程度上从事本法规定应由专利代理师从事的工作，有权根据本法注册为专利代理师；条件是其应在本法在公报上公布至生效的期间内申请上述注册，如申请上述注册的，应缴纳第 142 条第（a）款（5）项规定的注册费。

商标条例

商标条例[*]

（2018 年修订）

第1章 解　释

第1条　定　义

在本条例中，

标志，指二维或三维的字母、数字、文字、图形等或上述要素的组合。

商标，指某人就其制造或交易的商品使用或意图使用的标志。

国际商标，指根据《商标国际注册马德里协定有关议定书》（以下简称《马德里议定书》）和《商标国际注册马德里协定及该协定有关议定书的共同实施细则》在国际局注册的商标。

在以色列注册的国际商标，指根据注册主任基于第56E条所收到通知进行注册且属于注册商标的国内商标。

国内商标，指依据第17条的规定申请注册的注册商标。

驰名商标，指在以色列为公众所熟知的商标，并且该商标的持有人为成员国公民或者永久性居民，或在以色列有进行活跃商业活动的工商业营业所，即使该标志不是在以色列注册或使用的商标；认定驰名商标应当考虑因持有人的营销努力使该商标受认可的程度。

注册商标，指依据本条例规定在商标注册簿中注册的商标，并且是在以色列注册的国内商标或国际商标。

服务商标，指某人就其提供的服务使用或意图使用的标志。

证明商标，指供非从事商事活动的人使用，用以证明与其有利害关系的商品的原产地、原料、制造方法、质量或其他特定品质，或者证明与其有利害关系的服务的特定性质、质量或者服务类型的标志。

集体商标，指与特定商品或服务有利害关系的团体所有的，供团体成员

---

　*　根据世界知识产权组织官网公布的以色列商标条例英语版本翻译，同时参考了该法的希伯来语版本，最后访问时间为2024年7月23日。——译者注

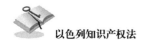

使用的，意图用于标明商品或服务，或者在商品或者服务上使用或准备使用的标志。

侵权，指他人未经授权的下列任一行为：

（1）在同一种商品上使用与注册商标相同或近似的商标，或在类似商品上使用与注册商标相同或近似的商标；

（2）使用注册商标广告宣传同一商品类别或类似商品；

（3）在相同或同一类商品上使用驰名商标，甚至使用未注册的驰名商标，或者使用与驰名商标类似的容易使公众产生误导的标志；

（4）在不相同或者不相类似的商品上使用与已注册的驰名商标相同或近似的标志，足以使相关公众认为该商品与驰名商标持有人有特定关系，并且驰名商标持有人的利益可能因此受到损害。

联盟国，指依据《保护工业产权巴黎公约》（以下简称《巴黎公约》）成为保护工业产权联盟成员的国家，以及依据《巴黎公约》第16－2条的规定扩大的区域。

世界贸易组织，指依据1994年4月15日在马拉喀什签署的条约成立的世界贸易组织。

成员方，指联盟国或世界贸易组织的成员方。

地理标志，指标示某个以色列境内的商品来源于某成员方、地区或区域的特定地理区域，且该商品的特定特征、性质或者信誉主要归因于该地理区域的标志。

部长，指司法部部长。

第2条　对服务商标的适用

除另有规定外，本条例适用于商标的规定，须再加以必要的变通后适用于服务商标，并且本条例中对商标或者商品以及对暗指服务的商标的所有规定，均视为包括服务商标或者服务。

第3条　关于证明商标和集体商标的规定

在符合第14条和第15条规定的情况下，证明商标和集体商标应被视为商品商标和服务商标，且本条例对商品商标或服务商标的任何提述，应被视为包括证明商标和集体商标。

第2章　商标注册

第4条　注册簿及其内容

商标注册须备有商标注册簿（以下简称"注册簿"）。商标注册应注明下列内容：

（1）商标所有人的姓名、地址和职业；

（2）转让、移转和许可的通知；

（3）放弃声明；

（4）条件和限制；

（4a）注册国际商标的，注明其为国际商标；

（5）与商标注册有关的其他规定事项。

第5条　注册主任

部长应委任一名商标注册主任（以下简称"注册主任"）负责商标注册簿。

第5A条　司法职能分配和权力授予

（a）部长可将地方法院法官的职能分配给有律师资格的公务员（以下简称"知识产权审判员"），以履行注册主任应履行的司法职责，或者行使本条例授予注册主任的权力，但知识产权审判员不得行使本条例第42条至第45条以及第72条授予注册主任的权力，部长将上述职责分配给注册副主任的，该注册副主任应被视为知识产权审判员。

（b）第（a）款规定的知识产权审判员应当依据本条例规定履行职能，为履行其职能，应当被授予本条例授予注册主任的权力。

（c）就本条例而言，第（a）款规定的知识产权审判员采取的任何正当行为与注册主任采取的行为具有同等效力。

第6条　登记簿向公众开放

（a）公众可在任何方便的时间依据相关规定查阅注册簿。

（b）任何人可以请求经核证的著录副本，但须支付规定的费用。

第3章　注册资格

第7条　注册商标专用权

希望取得注册商标专用权的，可依据本条例规定申请商标注册。

第8条　符合注册条件的标志

（a）任何能够将注册商标专用权人的商品与他人的商品区别开的标志，均可作为商标申请注册（以下简称"显著性标志"）。

（b）认定已被实际使用的商标是否具有显著性时，注册主任和法院可考虑该使用对注册或意图注册在商品上的商标的显著特征的影响。

第9条　限定于特定颜色

商标注册时可限制商标全部或局部所使用的颜色，认定该商标的显著性时，注册主任和法院应考虑商标的颜色。商标注册时未限制颜色的，应视为该商标可使用任何颜色。

第10条　注册范围

（a）商标注册必须针对特定商品或者商品类别进行。

（b）商品所属的商品类别由注册主任认定，注册主任作出的决定为最终决定。

第11条　不符合注册条件的标志

下列标志不得作为商标注册：

（1）提及国家总统或者其家庭成员，或者表明受总统支持的标志，以及导致他人认为该注册商标专用权人与总统存在联系或受总统支持的标志；

（2）同本国国旗、国徽相同或近似的，或者同本国国家机关的旗帜和徽记相同或近似的，以及同外国或政府间国际组织的旗帜、徽记等相同或近似的任何标志；

（3）同任何国家用以表明实施控制、予以保证的官方徽章、官方标志或者检验印记相同或近似的标志，以及导致他人认为该注册商标专用权人受到国家元首或者政府首脑支持，或者该注册商标专用权人向国家元首或者政府首脑提供商品或者服务的标志，除非向注册主任证明已获得授权；

（4）含有"专利""获得专利的""皇家许可专利""已注册的""获注册外观设计""版权""假冒本品的均为伪劣商品"，或具有类似效果的文字的标志；

（5）有损或可能有损公共政策或道德的标志；

（6）带有欺骗性、易使公众对商品原产地产生误解并造成不正当竞争的标志；

（6a）包含商品的地理标志的标志，而该商品并非来源于该标志所标示的地区，或者商品来源于该标志所标示的地区但可能误导公众的；

（6b）包含商品的地理标志的标志，商品来源于该标志所标示地区，但该标志包含虚假陈述，导致公众认为商品并非来源于该标志所标示地区的；

（7）同具有特定宗教意义的标志相同或相似的标志；

（8）包含某人形象的标志，但获得该人同意的除外；包含死者形象的标志，注册主任应当获得死者遗属的同意，注册主任认为有合理理由的，无需获得死者遗属的同意；

（9）同他人在同一种商品或类似商品上已经注册的商标相同的标志，或过于近似具有欺骗性的标志；

（10）由数字、字母或文字组成的标志，该数字、字母或文字在贸易中通常用于区分或者描述商品或者商品类别，或者直接用于描述商品的特征和质量，但依照第8条第（b）款或者第9条的规定具有显著特征的除外；

（11）一般用于表示地理位置或者姓氏的标志，但依照第8条第（b）款或者第9条的规定具有显著特征的除外；

（12）包含葡萄酒或者含酒精饮品的地理标志的标志，而该葡萄酒或者含酒精饮品并非来源于该标志所标示的地区的；

（13）同他人在同一种商品或类似商品上的驰名商标相同的标志，或者过于近似具有欺骗性的标志，即使该驰名商标并未注册；或

（14）同他人在不相同或不相类似商品上已注册的驰名商标相同或近似的标志，该标志表明该商品与该已注册驰名商标的持有人和所有人存在联系，同时导致驰名商标的持有人的利益可能由于该标志的使用受到损害。

第12条　与他人名称相同的标志

申请注册的商标，同他人名称或者商号相同或近似，可能欺骗公众或者

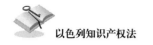

导致不正当竞争的，由注册主任驳回申请。

第 13 条 商品名称或描述

包含任何商品名称或描述的商标，在其他商品上申请注册的，注册主任可驳回申请；但该标志在实际使用中含义发生变化的，并且商标申请人申请时对含义变化进行说明的，注册主任可准予注册。

第 14 条 证明商标的注册

（a）注册主任确信注册商标专用权人有资格证明商标所标示的特征的，可准予注册证明商标。

（b）即使证明商标缺乏第 8 条第（a）款规定的显著特征，该证明商标仍可注册。

（c）证明商标的转让须经注册主任批准。

第 15 条 集体商标的注册

（a）注册主任确信有关商标意在供有关个人团体成员使用，并且该团体对该商标的使用进行控制的，可同意予以注册集体商标。

（b）就本条例而言，集体成员对集体商标的使用视为该集体对商标的使用，无论该集体是否使用或是否意图使用该集体商标。

（c）集体商标的转让须经注册主任批准。

第 16 条 国外注册商标的注册

（a）尽管有第 8 条至第 11 条的规定，已在原属国获得注册的商标申请在以色列注册的，注册主任应予以核准注册，但出现下列任一情形的除外：

（1）在以色列注册该商标会侵犯他人在以色列在先取得的合法权利；

（2）该标志在任何方面均不具有显著特征；标志在细节上同其在原属国注册的商标不同，并且该细节不会改变商标的显著特征，也不会致使已在原属国获得注册的商标的识别功能受到不利影响的，该商业标识可作为商标注册；

（3）该标志仅由在贸易中用于表明商品种类、质量、数量、原产地、预期用途、生产时间或价值的标识或标记组成；

（4）在通用语言和真实的已建立的贸易惯例中，该标志是通用标志；

（5）该标志违反公共政策或常识；或

（6）该标志可能欺骗公众。

（b）"原属国"，就根据本条规定申请注册的商标而言，指申请人设有真实有效的工商营业所的成员国；在成员国没有此类营业所的，指其住所所在的成员国；在成员国境内没有住所的，指其国籍所在的成员国。

（c）注册主任接受若非根据第（a）款本无法注册的标志进行商标注册的，应在公布申请文书时及在注册簿中说明该事实。

第4章　注册程序

第17条　申　　请

任何人就使用的或者意图使用的商标需要取得商标专用权的，应按照规定的方式向注册主任申请商标注册。

第17A条　分案申请

（a）根据第17条的规定，通过一份申请就多个类别的商品申请注册同一商标的申请人，可请求注册主任以规定的方式根据商品类别将其申请划分为多个单独的商标注册申请（在本条中称为"分案申请"），前提是没有其他人的商标依据第26条的规定就相同主题获得注册；注册主任作出分案决定的，每份单独商标注册申请的日期应为原商标注册申请提交之日。

（b）已提交分案申请的，在注册主任根据第23条公布受理申请之后，他人根据第24条对原商标注册申请提出异议的，视为对每一项单独商标注册申请提出异议。

第17B条　合并申请

（a）已依据第17条的规定，就多个类别的商品分别提交单独的商标注册申请的申请人，在注册主任根据第23条公布受理申请之后，可请求注册主任以规定的方式合并该多份单独的商标注册申请（在本条中称为"合并申请"）。

（b）已提交合并申请的，注册主任确信符合下列两项条件的，可将多份单独的商标注册申请合并为一份商标注册申请：

（1）各单独的商标注册申请均于同一日期提交；且

（2）单独的商标注册申请中对商标主张专有权的申请人与合并申请的申请人为同一人。

第 18 条　注册主任的权力

（a）在符合本条例规定的情况下，注册主任可驳回申请，或受理申请，或要求申请人满足条件、作出修改后受理申请，或以注册主任认为适当的方式对使用方式、使用地点或就其他方面限制商标的使用。

（b）通过一份申请就多个类别的商品申请注册同一商标的，注册主任可要求将该申请划分为多份商标注册申请，单独的商标申请提交之日即为原申请提交之日。

第 19 条　申　诉

对注册主任驳回申请的决定不服的，申请人应当将注册主任作为被告向地方法院申诉。

第 20 条　错误和更正

注册主任可在受理申请之前或之后随时更正申请书中的或与申请书有关的任何错误，或允许申请人根据其认为适当的措辞修改申请书。

第 21 条　放弃声明的要求

（a）商标中包含与贸易有关的通常事项或其他非显著特征，并且注册主任认为申请人无权使用该事项全部或部分专有权利的，注册主任审查该商标时，可根据注册条件，要求申请人声明放弃使用该事项的专有权利，或作出申请人认为必要的放弃声明，以界定注册商标专用权人享有的专有权。

（b）根据本条作出的放弃声明，不得影响注册商标专用权人的任何权利，但因商标注册而产生的权利除外。

第 22 条　申请的撤销

（a）申请人在注册主任规定的时间内未遵守注册主任的要求，且注册主任已按规定方式向申请人发出通知，自通知之日起满 3 个月，申请人仍不遵守要求的，注册主任可将该申请视为无效申请。

（b）当事人有合理理由的，注册主任可根据当事人请求和相关规定，以规定方式在一定期限内延长本节所规定的期限。

第23条 公　告

注册主任受理申请的，或要求满足一定前提条件或作出限制后受理申请的，应在受理决定作出之时，以规定方式对收到的申请文件进行公告，并详细说明受理申请的前提条件和限制。

第24条 异　议

（a）自公告之日起3个月内，任何人可就商标注册向注册主任提出异议。

（a1）商标注册异议的理由包括：

（1）有正当理由使注册主任应根据本条例的规定有权驳回；

（2）异议人主张其为注册商标专用权人。

（b）上述异议通知应以规定方式发出，并详细说明反对理由。

（c）注册主任应向商标申请人送达异议通知副本。

（d）商标申请人应以规定方式在规定时间内向注册主任提交异议答辩书，陈述其提出注册申请所依据的理由。

（e）申请人不提交上述异议答辩书的，视为放弃商标注册申请。

（f）申请人提交异议答辩书的，注册主任应向异议人送达异议答辩书副本，根据请求听取双方意见，并审查证据，决定是否予以注册并说明理由。

第25条 申　诉

（a）对注册主任根据第24条第（f）款作出决定不服的，可向地方法院申诉。

（b）对注册主任依据第24条第（f）款作出决定不服的，应自该决定作出之日起30日内向地方法院申诉。

（c）法院应根据要求听取注册主任的意见，并作出判决，决定是否予以注册并说明理由。

（d）法院审理期间，任何一方均可以规定方式或经法院特别许可提交补充材料供法院审议。

（e）除异议人在异议通知中陈述的理由外，异议人或注册主任不得提出其他异议理由，但经过法院许可的除外；经法院许可提出其他异议理由的，申请人可以按规定方式发出通知后撤回商标申请，无须承担异议费用。

（f）法院在听取注册主任意见后，可准许以实质上不影响商标特征的任何方式对拟注册商标进行修改；经修改的商标应在注册前按规定进行公告。

第26条 注 册

注册申请受理后，异议期届满无异议的，或虽有异议但不成立的，注册主任应核准注册该商标，但注册申请有错误或法院另行指示的除外。

第27条 注册日

商标注册申请提交的日期应作为商标注册日。

第28条 商标注册证书

商标注册后，注册主任应按规定格式向申请人签发商标注册证书。

第29条 竞争对手主张拥有相同商标

（a）不同申请人就多个类别的商品申请注册同一商标，或不同申请人在同一种商品或者同类商品上申请注册近似商标且容易导致混淆，且该项特别申请是在注册主任受理在先申请后提交的，注册主任可拒绝受理任何申请，直至不同申请人之间达成协议并由注册主任批准；未达成协议或未予批准的，注册主任应根据本条例规定决定受理的申请，说明理由并记录在册。

（b）对注册主任根据第（a）款作出决定不服的，应自决定作出之日起30日内向地方法院申诉。

（c）申诉人应自向法院申诉之日起30日内向注册主任提交申诉通知。

（d）在第（b）款所述申诉程序中，法院应根据要求听取注册主任的意见。

第30条 同时使用

（a）注册主任认为存在标志已被善意使用等合理理由的，可准予不同申请人在相同或类似商品上申请注册相同或近似商标，但必须满足注册主任认为合理的前提条件和使用限制。

（b）对注册主任根据第（a）款作出决定不服的，应自决定作出之日起30日内向最高法院申诉。法院应具有第（a）款赋予注册主任的所有权力。

（c）申诉人应自向法院申诉之日起30日内向注册主任提交申诉通知。

（d）在第（b）款所述申诉程序中，法院应根据要求听取注册主任的意见。

第5章 注册商标的期限和续展

第31条 注册商标有效期

注册商标有效期为10年，自提交注册申请之日起计算，且可根据本条例第32条至第35条的规定续展。

第32条 注册商标的续展

注册商标专用权人在一定期限内以规定方式提交商标续展申请的，注册主任应就商标注册的商品或商品类别对商标注册续展10年，自原始注册或最后一次续展注册的到期日（以下简称"到期日"）起算。

第33条 期限届满通知

（a）注册商标有效期届满前，注册主任应以规定方式在规定期限内向注册商标专用权人发送通知，告知注册商标有效期届满的日期、续展费用以及其他与商标续展有关的事项。

（b）在到期日后6个月内（以下简称"宽展期"）未缴纳费用的，注册主任应注销该商标，但下列情况除外：

（1）在宽展期内缴纳费用的，应按规定缴纳额外费用；或

（2）注册主任可根据商标专有权人的申请，在其任何正当的情况下，基于其认为适当的条件，在缴纳未支付费用和为此规定的额外费用后，恢复注册的效力，但该申请应在宽展期到期后6个月内提交。

第34条 未续展的商标

商标因未缴纳续展费用而被注销的，自注销之日起1年内该商标仍应被视为注册商标。

第35条 商标续展的限制

注册主任确信存在下列任一情形的，不适用第34条的规定：

（1）在商标注销之前2年内，未对商标进行实质性使用；或

（2）不会由于任何在先使用已注销的商标的行为，使得使用该商标有可能具有欺骗性或导致混淆的。

第6章　注册商标的变更和撤销

第36条　应注册商标专用权人要求变更注册商标

（a）根据注册商标专用权人按规定方式提出的要求，注册主任可实施下列行为：

（1）更正注册商标专用权人的姓名或地址；

（2）记录姓名或地址的任何变更；

（3）删减注册商标核定使用的任何商品或者商品类别；

（4）记录任何有关商标的放弃声明或备忘录，该记录不会扩大任何既有权利；或

（5）删除注册商标著录项目。

（b）对注册主任根据第（a）款作出决定不服的，应向法院申诉，注册主任作为被申诉人。

第36A条　就相同商标提起的若干注册之合并

（a）就多个商品获得同一商标注册的注册商标专用权人可请求注册主任按规定方式将上述商标注册合并为一项商标注册（以下简称"合并注册申请"）。

（b）提交合并注册申请后，注册主任确信前述商标注册均在同一天提出申请的，可以合并注册。

（c）注册主任根据本条规定合并注册的，应将其记录在注册簿上，并根据第4条规定的项目记录被合并的各项注册内容。

第37条　已废除

第38条　非注册商标专用权人申请更正注册簿

（a）在符合本条例规定的情况下，认为自身合法权利由于注册簿上的疏漏信息、无充分理由而记入注册簿的信息、错误保留的信息或者有误或者有缺陷的信息而受到侵害的，可按规定方式申请注册主任进行更正。

（b）对注册主任就第（a）款所述申请作出决定不服的，应向地方法院

申诉。

（b1）申诉人应自向法院提交申诉之日起 30 日内向注册主任提交申诉通知。

（b2）第（b）款所述申诉程序中，法院应根据要求听取注册主任的意见。

（c）已废除。

（d）已废除。

第 39 条　商标注销

（a）以某标志不符合本条例第 7 条至第 11 条注册条件，或该标志导致申请人在以色列的权利受不正当竞争影响为理由，根据第 38 条提出的注销在所有商品或商品类别上注册商标的申请，应当在第 28 条所述的商标注册证书签发之日起 5 年内提出。

（a1）作为第（a）款规定的例外，对恶意注册的商标提起商标注销申请的，不受 5 年时间限制。

（b）作为第（a）款规定的例外：

（1）在原属国注册的非居民商标不得注销，但根据第 16 条的规定该商标禁止注册的除外；

（2）非以色列国民依据第 8 条至第 11 条的规定不具备注册资格，但已依据第 16 条的规定准予注册的商标，在原属国不再有注册效力的，可依据第 8 条至第 11 条阻止其注册的任何理由随时注销该商标；本条任何规定，均不能作为妨碍注册商标专用权人证明该标志在注销申请提出时可由以色列国民申请为商标的理由。

第 40 条　注册簿更正程序

法院命令更正注册簿的，法院应指示胜诉方向注册主任送达更正通知书，注册主任应在收到该通知后根据法院命令更正注册簿。

第 41 条　以不使用为由撤销注册商标

（a）在不影响第 38 条至第 40 条规定一般性的情况下，任何有意提交申请的利害关系人均可以注册商标专用权人针对请求撤销注册的商品无使用商标的善意意图，也没有实际善意使用针对请求撤销注册的商品商标，或在提出撤销申请之前 3 年内没有使用针对请求撤销注册的商品商标为理由，请求注册主任撤销在相同商品或同类商品或部分商品上（以下简称"要求撤销商标注册的商品"）的商标注册效力。

（b）能证明由于特殊原因在商业活动中不使用商标，而非无意图使用或放弃使用商标的，注册主任不得根据第（a）款规定撤销商标。

（c）就本条而言，有下列任一情况的，不得视为实际使用商标：

（1）在以色列仅在广告宣传中使用该商标，无论是在当地媒体还是在以色列能够接触的外国报纸，但法院或注册主任认为有不在制造或销售的商品上使用商标的正当理由的除外；

（2）撤回根据第 50 条授予以色列制造商的商标使用许可，但以被许可人违反许可条件，或许可人自行打算在制造的商品上使用商标，或许可人打算许可他人在以色列使用商标为理由而撤回该许可的除外。

（d）撤销商标的申请应按规定方式提交注册主任。

（e）对注册主任作出的撤销商标决定不服的，应向地方法院申诉。

（e1）申诉人应自提交申诉之日起 30 日内向注册主任提交申诉通知。

（e2）在第（e）款所述申诉程序中，法院应根据要求听取注册主任的意见。

（f）在本条中，商标使用包括：

（1）注册商标专用权人或根据第 50 条规定经许可使用商标的人，以与注册簿中记录的不同形式使用商标，但未改变该注册商标的显著特征；

（2）注册商标专用权人根据第 50 条的使用，条件是其使用受标志所有人的控制。

第 42 条　注册主任收到更正程序的通知

（a）在要求更正或更改注册簿的任何法律救济程序中，注册主任有权出庭和陈述意见，并应在法庭要求时出庭。

（b）除非法院另有指示，否则注册主任可向法院提交一份经签署的书面陈述，以代替出庭以及陈述意见，书面陈述应详细说明注册主任进行的相关程序，或对争议事项所作决定的理由，或处理类似案件的惯例和程序，或据注册主任所知认为与该争议事项有关的任何其他适当事项，而上述书面陈述应被视为证据。

第43条　关于著录适用新分类的规定

经司法部批准，注册主任可制定实施细则、规定格式和作出其他注册主任认为所必需的事项，以授权自身在尽可能大的范围内通过新增、删减或更改注册簿的著录项目修改注册簿，以使商标核定使用的商品或商品类别能适应可能规定的任何新的或经修订的商品区分表。

第44条　著录的修改

（a）在行使第43条赋予的权力时，注册主任不应对注册簿进行任何变更，使其具有增加变更前注册商标所针对的任何商品或商品类别的效果，无论是一类还是多类，或具有针对任何商品提前实现商标注册的效果。

（b）注册主任确信遵守第（a）款规定会导致不适当的复杂性，并且扩大商品或商品类别或者提前商标注册不会实质性影响商品质量或使任何人的权利受到损害的，不适用第（a）款规定。

第45条　著录修改的程序

（a）注册主任应向受影响的申请人发送通知，将注册主任修改注册簿的方案告知申请人，申请人对该方案不满意的，应将注册主任作为被申诉人向地方法院进行申诉；修改方案的通知，如有任何修改，应予以公告。

（b）认为其权利因修改方案受到侵害的，可以该方案违反第44条规定为由，向注册主任提出异议，对注册主任就该异议所作决定不服的，应向地方法院申诉。

（c）申诉人应自向法院提交申诉之日起30日内向注册主任提交申诉通知。

（d）在第（b）款所述申诉程序中，法院应根据要求听取注册主任的意见。

第7章　注册商标专用权人的权利

第46条　专有使用权

（a）附条件或者限制的注册商标，获准注册后，注册商标专用权人有权就核定使用的商品对其商标进行排他性使用。

（b）多人是同一种商品注册的相同商标或者实质相同商标的注册商标专用权人的，所有注册商标专用权人均享有该商标仅有唯一注册人时的所有权利，任何人均不因注册而取得该商标的排他性使用权，但注册主任或者地方法院已界定其各自权利的除外。

第46A条　驰名商标的专有使用权

（a）驰名商标持有人在以色列享有在同一种或同类商品上排他性使用该驰名商标的权利，即使该驰名商标未注册。

（b）他人在不相同或不相类似的商品上使用已注册的驰名商标，可能导致公众认为该商品与驰名商标持有人存在特定联系，同时致使驰名商标注册人的利益可能受到损害的，驰名商标注册人有权阻止。

第46B条　展览期间的商标保护

在以色列政府主办或承认的国际展览会上展示的商品上使用的未经注册的商标，展览期间应当被视为注册商标。

第47条　合理使用救济

依据本条例获准注册的商标，注册商标专用权人无权阻止他人以其自身名义、企业名义、其企业所在地地理名称的名义、企业前身名义进行真实使用，或者任何人对其产品特征或质量真实描述的使用。

第48条　商标转让

（a）注册商标专用权人可转让其在全部或部分或商品类别上注册的商标，无论受让人是否具有与该商品有关的商誉，注册主任认为受让人的商标使用行为可能欺骗公众或违反公共政策的，可不予核准上述转让。

（a1）根据第（a）款规定转让注册在部分商品或商品类别上的商标的，注册主任应按规定方式将该商标注册进行分案注册。

（b）就第（a）款和第（a1）款而言，注册申请未决期间的商标，应被视为注册商标。

第49条　转让登记

（a）通过受让或依法取得注册商标专用权的，应向注册主任申请变更注册商标专用权人，注册主任充分审查后，应根据申请人请求变更注册商标专用权人，并在注册簿中按规定方式记录该转让或其他有关注册商标专用权的法律文书。

（b）对注册主任根据本条所作任何决定不服的，应以注册主任为被申诉人，向地方法院申诉。

（c）除根据本条提出申诉外，任何文件或文书未根据本条记录在注册簿内的，除非法院另行指示，否则不得在任何法院作为证明商标专用权的证据。

第 50 条　商标使用授权

（a）注册商标专用权人可授权他人（以下简称"被授权人"）使用其在全部或部分商品上注册的商标。

（b）未根据本条规定登记的商标使用授权无效，且注册主任登记时可附加其认为适当的条件和限制。

（c）被授权人在经营活动中使用商标，或遵守附加条件或限制使用商标的，被授权人的使用行为应被视为商标注册专用权人的排他性使用。

（d）有充分证据使得注册主任确信就核定使用的商品商标使用行为不违反公共政策或不具有欺骗性的，注册主任可对商标使用授权进行登记。

第 51 条　申请对授权进行登记

（a）注册商标专用权人和被授权人应按规定格式提交商标使用授权登记申请，注明：

（1）注册商标专用权人与被授权人的关系，包括注册商标专用权人对被授权人的使用行为的控制程度；

（2）授权使用商标的商品；

（3）已登记相同授权的，因授权使用商标而适用的条件和限制；和

（4）如果注册申请要求确定授权期限的，授权的有效期。

（b）注册主任可要求提供任何其认为在审查该项申请时可能有用的任何文件、证据或详情；

（c）第（a）款和第（b）款所述详情，除须登记外，不得向公众公开以供查阅。

第 52 条　授权登记的变更和撤销

（a）注册商标专用权人按规定形式提出申请的，注册主任可变更与授权使用商标的商品以及附加的条件和限制有关的一切事项。

（b）注册主任可根据被授权人按规定形式提出的申请，撤销授权登记。

（c）有充分证据使得注册主任确信商标使用授权或被授权人使用商标的行为违反公共政策，或可能具有欺骗性的，注册主任可根据要求撤销商标使用授权登记。

（d）注册主任应在听取所有利害关系人的意见后，根据本条规定撤销商标使用授权登记或者变更授权。

（e）注册商标被撤销或者被注销的，有关该商标的使用授权均无效。

（f）本条规定不得违反第 38 条至第 40 条的规定。

第 52A 条　商标继续使用

尽管本条例有任何其他规定，提交申请注册商标，或善意注册商标，或因善意使用而获得商标权的，其注册适格性、注册有效性或商标使用权，不会仅因该商标与某地理标志或驰名商标相同或近似而受到不利影响，但商标注册申请或该权利的注册或获取应先于下列时间发生：

（1）就驰名商标而言，该商标被认定为驰名商标的日期；

（2）就地理标志而言，2000 年 1 月 1 日或地理标志在其所指示的地理区域所在的成员国受到保护的日期。

第 53 条　申诉权

（a）对注册主任根据第 50 条至第 52 条所作决定不服的，应向最高法院提起申诉。

（b）对注册主任根据第 50 条至第 51 条所作决定不服的，应以注册主任作为被申诉人，向最高法院提起申诉。

（c）对注册主任根据第 52 条所作决定不服而提起申诉的，申诉人应自向法院提交申诉之日起 30 日内向注册主任发送申诉通知。

（d）在根据第（b）款进行的申诉程序中，法院应根据要求听取注册主任的意见。

第8章　外国商标的注册

第54条　根据双边协定进行保护

（a）商标注册申请人自其商标在外国提出商标注册申请之日起6个月内，又在以色列提出商标注册申请的，根据该外国同以色列签订的并经由外交部部长通知的生效双边协定，该商标注册申请人或者其法定代表人或受让人享有优先权。

（b）商标在以色列获准注册之日前发生的侵犯商标权行为，注册商标专用权人无权根据第（a）款规定要求损害赔偿。

（c）商标注册不得仅因在第（a）款所述6个月期限内在以色列使用而无效。

第55条　优先权

（a）曾在一个成员国内申请商标注册（以下简称"在先申请"）的申请人，可以根据本条规定在以色列提交商标注册申请，符合下列两项条件后，可要求其申请优先于在先申请提交之日后提交的任何注册申请：

（1）要求优先权的申请与在以色列的商标注册申请同时提出；且

（2）自首次在先申请提出之日起6个月内在以色列提出商标注册申请。

（b）就在以色列提交的商标注册申请中的部分商品或商品类别申请适用优先权规则的，可就该部分适用第（a）款规定。

在以色列申请注册商标的，可在部分商品或商品类别上要求优先权，该商品或商品类别上的商标注册申请适用第（a）款规定。

（b1）根据第（a）款规定要求优先权的申请基于一项以上的在先申请，并且每项商标注册申请均要求优先权的，适用第（a）款规定时根据商品或商品类别上最早的在先申请确定注册商标申请。

（c）在以色列提出商标注册申请之日前注册商标专用权被侵害的，不得根据本条例提出损害赔偿请求。

第56条　申请的提交

根据第54条或第55条提出的商标注册申请，应根据本条例以同普通商标注册申请相同的方式提出。

第8-1章 国际申请

第1节 定　　义

第56A条　定　　义

在本章中：

国际商标持有人，指以其名义注册国际商标的人。

国际申请，指根据《马德里议定书》第2条第（2）款和第3条的规定向国际局提交的将商标注册为国际商标的申请。

指定以色列的国际申请，指申请人指定以色列作为注册地点的国际申请。

后续指定，指根据《马德里议定书》第3条之二的规定向国际局提交的国际商标注册领土延伸申请，在该申请中，申请人指定未在国际申请中指定的《马德里协定》的另一缔约方作为国际注册申请的商标注册地点。

指定以色列的后续指定申请，指指定以色列作为国际申请的商标注册地点的领土延伸申请。

指定以色列的申请，指指定以色列的国际申请或指定以色列的后续指定申请。

《马德里协定》，指《马德里议定书》第1条所指的《商标国际注册马德里协定》（斯德哥尔摩文本）。

国际局，定义见《马德里议定书》第2条和第11条。

国际注册簿，定义见《马德里议定书》第2条第（1）款。

《马德里议定书》，指1989年6月27日在马德里签署的《商标国际注册马德里协定有关议定书》。

议定书缔约方，指根据《马德里议定书》第1条成为《马德里议定书》缔约方的国家或政府间组织。

原属局，指《马德里议定书》第2条第（2）款所规定的，接受国际申请或后续指定申请的缔约方的办事处。

《马德里实施细则》，指附表所列《商标国际注册马德里协定及该协定有关议定书的共同实施细则》（于2000年4月1日生效）。

第2节 以以色列为原属国的国际申请

第56B条 注册主任作为原属局

（a）根据第56C条提出的国际申请和非指定以色列的后续指定申请应当向原属局提交，注册主任应承担原属局的职责。

（b）注册主任应根据本条规定负责处理第（a）款中规定的申请，并应将其转交给国际局，本条未规定的其他事项，应适用《马德里议定书》和《马德里实施细则》。

第56C条 国际申请或后期指定申请的备案

以色列国民、以色列居民或在以色列境内有真实有效的工商经营场所的任何人，已在以色列提交商标国际注册申请的，或商标国际申请获准注册的，可根据已提交的申请和已获准注册的国际商标，按照本章规定，向注册主任提交下列国际注册申请：

（1）非指定以色列的国际申请；

（2）非指定以色列的后续指定申请，前提是申请人是国际商标注册所有人。

第56D条 注册主任与国际局的通信

注册主任已向国际局递交国际申请的，应按照本章规定将下列事项通知国际局：

（1）根据第18条或第22条对国内基础申请作出驳回申请、附条件受理申请、更正、变更或对商标使用加以限制的最终决定，但作出上述最终决定的程序在决定日期之前开始；

（2）根据第19条对申诉作出的终审判决，但作出该终审判决的程序必须在决定日期之前开始；

（3）就根据第24条提出的异议通知作出的不予注册商标或不予部分注册商标的最终决定和最终判决，但该最终决定或者最终判决必须在决定日期之前作出，同时该异议通知必须针对根据基础申请提出的国际注册申请；

（4）基础注册的有效期在决定日期之前已经届满，同时该基础注册未根据第32条和第33条的规定续展；

（5）注销或者撤销基础注册的决定，该基础注册与注册商标专用权人在决定日期前根据第 36 条提交的商标注册申请一致；

（6）注销或撤销基础注册的最终决定和最终判决，该基础注册与注册商标专用权人在决定日期前根据第 39 条或第 41 条提交的商标注册申请一致；

（7）部长依据《马德里议定书》和《马德里实施细则》的条款规定的其他事项。

在本条中：

基础申请，指作为国际注册申请基础的以色列国内商标注册申请；

决定日期，指自商标国际注册之日起满 5 年的日期；

基础注册，指作为国际注册申请基础的国内商标。

第 56D1 条　国际申请或后期指定中的错误和更正

非指定以色列的国际申请和非指定以色列的后续指定申请中的错误，应当依据《马德里实施细则》的规定更正，不得依据第 20 条的规定更正。

第 3 节　指定以色列的国际申请

第 56E 条　本条例的条文对指定以色列的申请的适用性

注册主任收到国际局递交的指定以色列的国际申请后，参照适用本条例规定，决定是否注册该商标，具体变化如下：

（1）第 17 条规定不适用；

（1a）第 17A 条和第 17B 条规定的分案申请和合并申请应适用《马德里议定书》第 9 条和《马德里实施细则》的规定；

（1b）第 20 条规定的更正指定以色列的国际申请上的错误，应适用《马德里实施细则》的规定。

（2）就第 24 条第（c）款而言，第 24 条第（b）款规定的异议通知副本，应根据《马德里议定书》《马德里实施细则》在第 56F 条开头部分规定的期限内向国际局递交。

（3）就第 26 条规定的注册而言，注册簿上应注明该商标为国际商标；

（4）下列规定应代替第 27 条的规定：

a）根据指定以色列的国际申请在以色列注册的国际商标，其注册日为该国际商标在国际注册簿上注册的日期；

b）根据指定以色列的后续指定申请在以色列注册的国际商标，其注册日为该后续指定申请在国际注册簿上注册的日期。

第56F条　拒绝或提出异议的通知

（a）自指定以色列的申请送交注册主任之日起18个月内，注册主任应根据本章规定就下列事项通知国际局：

（1）商标不具备注册资格或申请只有根据第18条规定进行修改、变更或限制后方可被接受的决定；

（2）提交商标注册异议或存在可能提交异议的可能性，即使在上述18个月期间后。

（b）注册主任应自异议期届满之日起1个月内向国际局通知第（a）款（2）项所述的可能商标注册异议。

第56G条　国际商标的注册

注册主任未在第56F条规定的期限内根据国际局的规定通知国际局的，应当准予注册该商标。

第56H条　关于异议最终决定的通知

（a）注册主任就第56F条第（a）款或第（b）款所述商标注册异议作出决定，同时在作出决定之日起30日内未收到申诉通知的，注册主任应将该决定通知国际局。

（b）对注册主任关于异议的决定根据第25条提出申诉的，注册主任应将法院就该申诉作出的最终判决通知国际局。

第56I条　国际商标替代国内商标

（a）根据本条提出的国际商标注册，满足下列所有条件的，应在所有方面代替国内商标注册：

（1）指定以色列的国际申请向国际局提交时该商标已经是国内商标；

（2）以同一人的名义同时在国际注册簿和国内注册簿上注册国际商标和国内商标；

（3）国际商标已经注册在国内注册簿上，并且注册在国内商标注册的所有商品上。

（b）根据第（a）款代替国内商标注册的国际商标注册，不得损害国内注册商标专用权人的权利。

（c）以国际商标注册代替国内商标注册的，应当在注册簿上注明。

第56J条　本条例规定对国际商标的适用性

在以色列注册的国际商标，应参照适用本条例关于注册商标的规定，具体变化如下：

（1）就第31条和第32条的结尾部分而言，商标注册有效期的延长或续展应根据《马德里议定书》第6条第（1）款、第7条以及第8条和《马德里实施细则》的规定；

（2）第33条规定不适用；

（3）（a）就第36条、第49条、第51条和第52条而言，下列注册申请应通过原属局直接向国际局提出：

（1）根据第36条第（a）款提出的注册变更申请；

（1a）由于转让或根据第49条第（a）款规定而申请注册；

（2）根据第51条第（a）款提出的商标授权使用登记申请；

（3）根据第52条第（a）款提出的变更商标授权使用登记申请或根据第52条第（b）款提出的撤销授权登记申请；

（4）就第36A条而言，合并就同一商标提出的若干注册申请应符合《马德里议定书》第9条和《马德里实施细则》的规定。

（b）注册主任收到国际局递交的第（a）款所述申请的，应根据本条例规定作出决定。

第56K条　国际商标注销或撤销的通知

根据第39条或第41条作出的有关注销或撤销在以色列注册的国际商标的最终决定或最终判决，注册主任应根据本章规定通知国际局。

第56L条　在国际注册簿中被注销或撤销的后果

（a）（1）就在以色列已注册的所有商品或商品类别，或者已注册的部分商品或商品类别上的国际商标，国际局通知注册主任注销或者撤销的，注册主任应根据具体情况在通知中指定的商品或商品类别上注销或撤销该国际商标，根据具体情况，国际商标在国际注册簿上注销或撤销之日即为国际商标在国内注册簿上注册或撤销之日。

（2）（1）项规定同时适用于根据第16条注册的商标，第39（b）条的规定不适用于此情形。

（b）国际局向注册主任通知注销或撤销国际商标的，指定以色列的国际申请中将该商标注册在某些商品上的，注册主任应暂时不予注册。

第56M条　国际商标转换为国内商标

原属局根据《马德里议定书》第6条第（4）款规定发出通知注销或者撤销国际商标的，自国际商标注销或撤销之日起3个月内，国际注册商标专用权人在原先的商品或商品类别上申请注册与国际商标相同的商标的，适用下列规定：

（1）根据第56L条第（a）款规定注销或撤销在以色列注册的国际商标的，注册主任应根据申请人申请将该国际商标注册为国内商标。

（2）a）已根据第23条进行公告的指定以色列的国际注册申请，应转化为国内商标注册申请，对该国际注册申请提出的任何异议应视为对国内商标注册申请提出的异议。

b）就第55条规定的适用于指定以色列的国际注册申请的优先权规则而言，该优先权规则适用于国内商标注册申请。

（3）国内商标注册日的确定适用第56E条（4）项的规定。

第9章　商标侵权

第57条　侵权诉讼

（a）注册商标专用权人或驰名商标持有人可提起侵权诉讼；法院不得受理就未注册商标提起的侵权诉讼；

（b）已废除。

第58条　使用作为证据

在侵权诉讼中，应采纳针对商标注册商品的式样或他人针对该商品合法使用的任何商标或式样的贸易习惯作为证据。

第59条　救　济

（a）在侵权诉讼中，原告有权要求法院颁布禁令，在法院给予的救济之

外，原告有权要求损害赔偿。

（b）针对不是注册商标的驰名商标的侵权行为，原告只能要求法院颁布禁令。

第59A条 额外救济

（a）法院在审议结束后可作出下列命令：

（1）决定销毁实施侵权行为时生产的或用于侵权活动的财产（以下简称"财产"）；

（2）如原告要求，作为支付其价值的对价，按照未发生侵权时的价值，将财产所有权转移给原告。

（3）就财产采取其他措施，但法院不得允许被告享有财产所有权，即使被告已去除侵权标志，除了例外情况。

（b）申请销毁财产的当事人应按局长规定方式向以色列警局发送通知，未向警局提供机会发表意见并陈述案情的，法院不得审查该申请。

第10章 惩 罚

第60条 惩 罚

（a）有下列行为之一的，可处刑法（第5737－1977号）第61条第（a）款（4）项规定罚金的7倍或3年有期徒刑：

（1）为进行交易，未经注册商标专用权人或者其代理人授权，在注册的商品上或该商品包装上使用注册商标或使用模仿注册商标的标志，导致他人可能受欺骗；

（2）为进行交易，未经注册商标专用权人或其代理人授权，将附有注册商标的商品或经包装的商品进口至以色列，或进口至以色列的商品上附有的标志是模仿他人的注册商标并导致他人受欺骗，但本款规定不适用于已在贴附标志的国家获得注册商标专用权人授权的商品；

（3）违反（1）项或（2）项规定，对已贴附标志或进口至以色列的商品进行出售、租赁或分销，或以商业规模出售或分销；

（4）违反（1）项或（2）项规定，为交易而存储已贴附标志或进口至以色列的商品。

（b）法人犯第（a）款规定之罪的，应对法人处以双倍罚金。

（c）针对商标注册申请向注册主任提供虚假资料的，处 1 年有期徒刑。

（d）（1）法人的公职人员必须实施控制，并采取一切可能措施，防止法人或其任何雇员实施本节规定的任何犯罪行为（以下简称"犯罪行为"），违反上述义务的，处刑法第 61 条第（a）款（4）项规定的罚金。

（2）法人或其任何雇员犯罪的，推定该公职人员违反（1）项规定的义务，但有证据证明该公职人员已采取履行上述义务的必要行动的除外。

（3）在本款中，公职人员指法人的活跃董事、合伙人（不包括有限合伙人）和代表法人负责实施该犯罪行为的官员。

第 61 条　禁　　令

依据第 60 条定罪后，法院可发布禁令代替规定的刑罚措施，或在处以规定的刑罚后发布禁令，以制止该犯罪行为或制止再次实施该犯罪行为。

第 62 条　销毁或没收令

法院可以命令没收或销毁任何商品、包装材料、包装或广告材料，以及用于印制商标的材料、模具或其他设备，或在实施犯罪时使用的材料。

第 63 条　商标的虚假陈述

将未注册的商标陈述为已注册商标的，应对每项罪行处以 750 新谢克尔*罚金。就本条而言，如果某人使用"注册"或任何表示或暗示该商标已获得注册的词，则视为该人将该标志陈述为注册商标。

第 11 章　审判、证据和程序

第 63A 条　针对注册主任的其他决定提起申诉

对注册主任根据本法作出决定不服的，经法院许可，均应当向法院申诉；"其他决定"指在注册主任面前进行的程序中无法对讨论作出结论的决定。

第 63B 条　相关地方法院

（a）就本法而言，相关地方法院指耶路撒冷地区或特拉维夫地区的地方

---

*　此处原文为"poud"，应译为"镑"，但参考以色列使用新谢克尔为货币单位，故作此修改。——译者注

法院，由提起诉讼的人选择管辖；部长可命令其他法院管辖。

（b）本条规定不适用于第9章和第10章。

第63C条　就地方法院作出的判决或其他决定提起上诉

对地方法院根据本法作出的第63A条所述判决或其他决定不服的，经最高法院院长许可，或经最高法院院长指定的法官许可，应向最高法院上诉。该许可参照适用法院法第41条第（b）款和第（c）款的结论段落的规定。

第64条　注册作为有效性的证据

在与注册商标有关的任何法律程序中，注册商标专用权人的身份是原始注册有效性和所有后续商标转让和传转的初步证据。

第65条　注册主任出具的证明

声称是由注册主任根据本条例或根据实施细则的授权而作出的任何著录项目或任何事项而签署的任何证明，应当作为该著录项目已作出的初步证明，著录项目具体内容的初步证据，以及已作出或未作出事项的初步证据。

第66条　申请人的陈述

凡本条例或根据本条例订立的实施细则授予注册主任自由裁量权的，商标注册申请人或注册商标专用权人在规定的时间内请求进行陈述的，注册主任不得在其未进行陈述的情况下以损害商标注册申请人或者注册商标专用权人利益的方式行使自由裁量权。

第67条　向注册主任提交证据

除本条例另行规定外，由注册主任主持的法律程序中的证据，应根据证据条例（第5731－1971号）第15条规定以附誓言的书面证词的形式作出，该证据在国外形成，并且注册主任没有其他指示的，应根据该国法律以书面誓言的形式作出；在注册主任认为适当的情形下，可以口头证言代替或增补书面证据，并可准许交叉询问证人。

第68条　注册主任相对于证人的权力

注册主任拥有强迫证人出庭并听取其证言的权力。

第69条 费 用

由注册主任主持的法律程序中，注册主任可判给当事人其认为合理的费用。

第69A条 向海关署长发出通知

（a）注册商标专用权人的权利受侵害，或有合理理由认为其权利可能受侵害的，可向海关署长发出书面通知，声明其拥有的该注册商标专用权，要求延迟放行侵权商品，并且将该商品作为海关条例规定禁止进口的商品。

（b）根据第（a）款发出的通知应包括商标注册证书副本以及下列内容之一：

（1）享有注册商标专用权的原始商品的样品，申请人对侵权商品的进口所提供的信息是依据该样品；

（2）便于海关署长比对原始商品和违法商品的目录或任何其他文件。

（c）注册商标专用权人应在其通知中向海关署长提供其所知下列信息详情：

（1）即将收到的包裹数量；

（2）就进口方式或运送侵权商品的船舶名称所作的充分说明；

（3）侵权商品预计运抵以色列的日期。

（d）注册商标专用权人应向海关署长提供初步证据，并提供海关署长规定数额的个人担保，以支付与延迟放行有关的任何费用；延迟放行无正当理由的，赔偿因延迟放行而可能造成的任何损失，还须缴付海关条例对此规定的任何费用。

（e）本条规定不适用于海关条例第129条所规定的为私人使用目的而进口的侵权商品。

第12章 费用和实施细则

第70条 费 用

就根据本条例提出的申请、注册及其他事项，须按规定缴纳费用。

第71条 实施细则

（a）部长负责实施本条例，可就下列事项制定实施细则：

（1）根据本条例准备和传输文件的方式，且部长可制定与准备和传输电子文件以及使用安全电子签名或经认证电子签名有关的规则；在本款中：

电子文件，指根据本条例以电子方式交付并可以电子方式保存，且可作为输出文件调取的文件；

电子交付、安全电子签名、已认证电子签名，定义见电子签名法（第5761‑2001号）；

输出文件，定义见计算机法（第5755‑1995号）。

（2）根据本条例提出的申请、通知、诉讼及服务的费用。

（3）根据本条例提出的申诉、驳回申请以及提出申请的程序。

（4）与实施第8‑1章第1节有关的任何事项，《马德里议定书》或《马德里实施细则》对该任何事项有规定的，应根据《马德里议定书》或《马德里实施细则》制定实施规则。

（5）根据本条例向注册主任提交文件的保存方式，包括电子方式。

（6）审查注册簿以及提取和分发注册簿中著录项目的经认证副本，包括（1）项所规定的电子文件。

（b）就本条第（a）款（2）项制定的规则，须经以色列议会经济委员会批准。

第71A条　附件的变更

部长可下令变更附件。

第72条　注册主任制定的规则

除本条例另行规定外，注册主任可经部长批准，就下列事项制定实施细则、规定表格及一般地作出其认为适当的事情：

（1）规范本条例项下的惯例。

（2）已废除。

（3）为商标注册目的对商品进行分类。

（4）制作商标复制品或要求复制商标及其他文件。

（5）以注册主任认为合适的方式，保护和规范商标及其他文件副本的公告、销售和发行。

（6）规范与商标有关的注册主任的其他业务及由注册主任控制并受本条例调整的其他事项。